環地福分類字課圖說

㊂

男 平

那含切音南男者女之對也易乾道成男坤道成女

男兒　宜男

說文丈夫也从田从力言用力於田也白虎通男任也任功業也

女 去上

尼呂切音茹上聲女者男之配也

閨女　女子

女如也言如男子之教不得自專也凡婦人通稱曰女又未嫁曰女已嫁曰婦又尼據切音茹去聲以女妻人曰女又忍與切同汝對我之稱

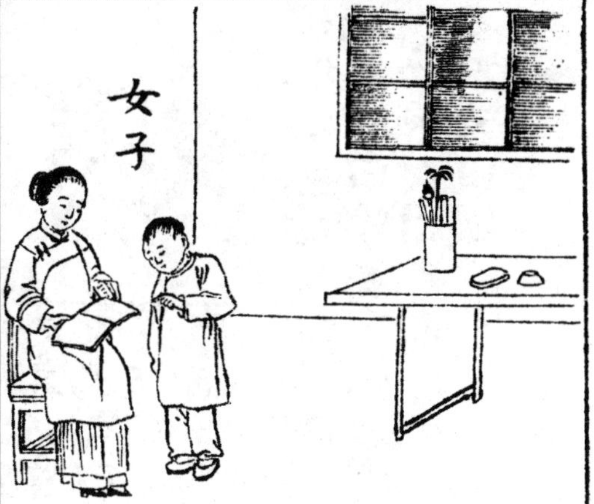

裔 去

以制切音曳

四裔　裔孫

說文衣裾也又邊也末也胄也苗裔種類也四裔戎狄蠻夷也後裔子孫支派也

系 去

胡計切音繫通作繫

世系

說文系繫也相連繫也垂統於上而連屬於下謂之系故支派相連曰世系

婚 平

呼昆切音昏娶婦曰成婚

初婚 婚配

婚姻嫁也爾雅婦之黨為婚兄弟夫之黨為姻兄弟古作昏禮士娶妻之禮以昏為期因而名焉

姻 平

於真切音因男女配合曰姻緣或作婣

婚姻 姻婭

姻壻家也婦人因之而成故曰姻又壻曰婚妻曰姻言壻以昏時而來女因之而去也今男女之家皆曰姻

親 平

七人切音七平聲不疏曰親

姻親 親戚

親者近也屬也謂所屬之最近者為親二親父母也六親父母兄弟妻子也

戚 入

倉歷切音磩族之近者曰戚

親戚 戚里

戚斧也又蹙也斧以斬斷見者蹙懼也又憂也戚戚心動貌又哀也論語喪與其易也寧戚假借為親戚之戚言相親者必憂戚相關也

族 入

昨木切音鏃同類所屬者曰族

宗族 族長

說文矢鋒也束之族族也假借為親族之族同姓九族者高曾祖父己身子孫曾玄也異姓九族者父族四母族三妻族二也

黨 上

多曩切音讜同類也鄉里曰鄉黨朋友曰朋黨

鄉黨 黨人

五百家為黨黨朋也又助也相助匿非曰黨

老 上

說文考也七十曰老从人毛匕言須髮變白也考成也凡人物之已成者皆曰老故稱人之能事者曰老成

魯皓切音栳年長之稱 三老上壽中壽下壽也

耆老 老少

叟 上

說文老也古作叜从灾从又灾者哀惡也又尊老之稱又叟叟淅米之聲

蘇后切音藪老者之稱

老叟 叟叟

叟

孩

小 上

說文物之微也从八从丨丨始見也八分也始可分別也凡人物之初生者皆曰小

先了切音蕭上聲小者大之對也

大小 小兒

孩 平

孩幼稚也說文小兒笑也本作咳言小兒知咳笑可提抱者又頷下曰孩又蟲類亦曰孩

何開切音亥平聲大于嬰者曰孩兒

幼孩 孩提

孺 去

而遇切音茹子幼弱也
童孺　孺人

說文乳子也孺慕也言小兒欲乳慕母也凡嬰孩皆稱孺子又孺屬也古者大夫之妻曰孺人言屬于夫不敢自專也今七品至九品之婦皆稱孺人

童 平

徒紅切音同說文童奴也僮幼也今相承作童子之童
幼童　童稚

童獨也言童子未有室家者也十五歲以下謂之童八歲曰成童又童奴也幼也今文僮幼字作童童僕字作僮相承失也

蒙 平

謨蓬切音濛草名女蘿也童蒙字本作冡今假借作蒙
童蒙　蒙昧

說文覆也从冂从豕艸生冡上蒙蒙不明之貌易蒙卦物生必蒙蒙者蒙也物之穉也又無知之貌今以幼學未通者入蒙學堂

嬰 平

於盈切音纓乳子曰嬰
乳嬰　嬰兒

人始生曰嬰兒胷前曰嬰抱之嬰前乳哺之也故曰嬰一曰女曰嬰男曰孩又通作瓔婦女之首飾也

兒 平

汝移切音爾平聲孺子也
小兒　兒戲

兒初生之子也男曰兒女曰嬰

童

祖（上）

則古切，音組。父之父也。又先祖、始祖，通謂之祖。

先祖　祖考

祖，始也，己所從出也，故人本乎祖。始祖稱鼻祖者，人在胎中，鼻先出也，故鼻亦訓始。

宗（平）

作冬切，音㚇，同姓曰宗。

同宗　宗廟

宗者，本也，人本于祖，故曰祖宗。說文：宗者，尊祖廟也，故曰宗廟。凡言宗者，以主祭祀為言，人宗於此而祭祀也。虞宗堯，夏宗禹，殷宗湯，周宗武，皆主祭之名也。

父（上）（去）

奉雨切，音甫。生我者為父。

老父　父親

父，甫也，始生己者。父為考，父之考為王父，父之兄弟為伯父、叔父，亦稱世父、諸父。又匪父切，音府，與甫同。父者，男子之美稱。

母（上）

莫厚切，音某。育我者為母。

伯母　母子

母，冒也，含己生也。說文：从女，象懷子形。一曰象乳形。又乳母亦曰母。又禽獸之牝皆曰母。又凡物之有大小者，皆曰子母。

考（上）

苦浩切，音栲。父殁稱考，母殁稱妣。

主考　考妣

說文：老也。生曰父，死曰考。考，成也。亦訓槁，槁於義為成。凡五穀熟，至乾槁乃成也。又稽也，如考卜維王是。又覈也，如三載考績是。

妣（上）

補履切，音比。妣者，考之對也。

先妣

妣之為言媲也，媲于考也。古者考妣通稱，非死而後稱也，今則以為死後之稱矣。

翁 平

烏紅切、音螉、年長曰翁、尊之之詞也、

而翁　翁婿

說文、鳥頸下毛也、如人頷下生須狀、故假借為老者之稱、又父亦稱翁、史記、吾翁即若翁是也、又妻稱夫之父亦曰翁、

姑 平

攻乎切、音孤、

舅姑　姑父

姑、且也、休息也、婦謂夫之母曰姑、父之姊妹亦曰姑、婦謂夫之姊妹曰小姑、

伯 入

博陌切、音百、長曰伯、次曰仲、

叔伯　伯父

說文、長也、父之兄曰伯、父伯、把也、把持家政也、又第三等爵曰伯、又必駕切、音霸、五伯亦作五霸、本作伯、取伯長之義、後人恐與侯伯字混、故以霸字別之、

叔 入

式竹切、音菽、季父曰叔、

伯叔　叔父

叔少也、幼者之稱、父之弟曰叔父、又婦謂夫之弟曰叔、從子稱叔也、說文、叔拾也、詩九月叔苴、謂收拾之也、又同尗豆也、

娘 平

尼良切、音穰、母之別名、

爺娘　娘兒

娘者少女之稱、俗稱女子為姑娘、蓋本此意、今稱父曰爺、稱母曰娘、亦作耶孃、

嬸 上

式荏切、音審、

叔嬸　嬸母

俗呼叔母曰嬸、又婦人呼夫之弟婦亦曰嬸、

婆 平

蒲禾切音皤說文作媻

阿婆　婆媳

說文奢也一曰老母之稱方俗稱舅姑曰公婆又呼老婦為婆又黃婆脾神也孟婆風神也

媳 入

思積切音息媳息也所以生育子息也

兒媳　媳婦

俗謂子婦曰媳姪婦曰姪媳婦人見舅姑自稱曰媳婦

夫 平

風無切音膚夫者男子之通稱如農夫樵夫販夫僕夫之類是

大夫　夫婦

夫者扶也夫有相輔之德而可倚仗謂之丈夫男女既配曰夫婦夫者對婦之稱也又先生長者曰夫子妻稱夫亦曰夫子又逢夫切音扶發語結句之詞

婦 去

房缶切音阜女子未嫁曰女已嫁曰婦

世婦　婦子

說文服也言服從于夫者也子之妻為婦長婦為嫡婦眾婦曰庶婦

妻 平

千西切音凄妻者夫之配也

夫妻　妻兒

妻者齊也說文妻與己齊者也一曰妻者判合也夫者天也故於字夫正而妻偏　又七計切音砌以女嫁人曰妻之

妾 入

七接切音踥小妻曰妾

妾婦　妻妾

妾接也得接於君子者也凡婦人自稱皆曰妾今以受室為娶妻納寵為娶妾故人稱之曰如夫人

嫡 入

丁歷切，音的。正妻謂之嫡。

長嫡　嫡庶

嫡敵也，言無與敵也。正室曰嫡。正室所生之子曰嫡子。妾之子稱正室曰嫡母。

庶 去

商豫切，音恕。側室謂之庶。又庶幾，近辭也。

衆庶　庶民

庶衆也，言衆多也。衆人曰庶人，百姓曰庶民，萬物曰庶物。引申為嫡庶之庶，故衆妾謂之庶妾，妾之子為庶子，衆婦為庶婦，庶婦之子亦為庶子。

孥 平

乃都切，音孥。

妻孥　孥子

孥妻子也，細弱之稱。于人則妻子為孥，于鳥則尾亦曰孥，並通作帑。按說文分帑孥為二，今俗帑藏之帑與妻孥之孥並用。

孫 平

蘇昆切，音飧。系于子者為孫。

嫡孫　孫子

說文子之子也，从子从系，系續也，言順續先祖之後也。子之子為孫，孫之子為曾孫，自曾孫以至于無窮皆得稱之也。

昆 平

公混切，音崐。兄也，亦作晜。

弟昆　昆仲

說文昆同也，言比之是同也。又後也，言有先後也。同姓大功以上曰昆弟，小功以下同異姓皆曰兄弟。

又同崑，崑崙山亦作昆侖山。

仲 去

直中切，音蟲去聲。昆仲，即兄弟也。

仲氏　伯仲

父之弟曰仲父。仲，中也，位在中也。次兄曰仲兄，次子曰仲子。又與中通，仲春亦曰中春，仲子亦曰中子。

娣（去）（上）

特計切，音第。女子後生為娣。

姪娣　娣婦

娣，女弟也。古之嫁女者，以姪娣從，自適而下，凡謂之娣。又待禮切，音弟。娣似，妯娌也。兄之妻曰姒婦，弟之妻曰娣婦。

姒（去）

詳子切，音似。

娣似　姒王

長婦為姒，介婦為娣，兄弟之妻相謂皆曰姒。又女子同出，先生為姒，後生為娣。又姒姓，禹之後也。

妯（入）（平）

直六切，音逐。

妯娌

兄弟之妻相呼曰妯娌。又丑鳩切，音抽，心動也。詩，憂心且妯。

娌（上）

良已切，音里。詳妯字註。

娌，耦也。按妯之言儔，娌之言似，即今儔侶字。說文，不收侶、娌之字，侶者侶之誤，娌者侶之變體也。

姨（平）

延知切，音夷。今俗妾稱為姨。

娘姨　姨母

母之姊妹曰姨，又妻之姊妹同出為姨。今滬上呼僕婦曰娘姨。又十八姨，風神也。

姪（入）

徒結切，音垤。稱姪者，從子列也。或作妷，俗作侄，非。

小姪　姪男

兄弟之子曰姪，女曰姪女。古者姑謂兄弟之子女皆曰姪。姪，姪御也，言更迭進御也。

兄 平

許榮切、音虩平聲、男子先生為兄、

仁兄　兄弟

兄、長也、从口从儿、儿者、人在下以兄教其下也、白虎通、兄、況也、兄況於父也、又呼兄為伯、兄、伯迫也、言兄迫近於父也、

弟 上 去

待禮切、音弟上聲、男子後生為弟、又弟子、對先生之稱、

愚弟　弟子

弟、第也、相次第而下也、又順也、言順從于兄也、又大計切、音第去聲、與悌通、盡弟道也、按兄弟之弟上聲、孝弟之弟去聲、

姊 上

祖似切、音止、女兄為姊、本作姐、亦作姉、

大姊　姊妹

男子謂女子先生曰姊、姊、積也、猶日始出積時多而明也、

妹 去

莫佩切、音昧、

姊妹　小妹

說文、女弟也、女子先生曰姊、後生曰妹、又同父異母曰外妹、歸妹、易卦名、歸妹者、女之終也、

哥 平

居何切、音柯、俗呼兄為哥、

老哥　哥嫂

說文、哥、聲也、从二可、古文以為歌字、今人以配姐字、為兄弟之稱、

嫂 上

蘇老切、音埽、兄之妻為嫂、別作嫂、同、

兄嫂　嫂子

嫂、叜也、說文、兄妻也、从女从叜、叜者、尊之之詞、

舅 去

巨尤切音臼謂我甥者舅也、
母舅　舅如

母之兄弟為舅妻亦稱夫之父曰舅夫稱妻之父曰外舅今俗稱妻之兄弟亦曰舅蓋從子稱也又通咎古文舅亦作咎

甥 平

所更切音生謂我舅者甥也、
外甥　甥館

爾雅姑之子為甥舅之子為甥妻之晜弟為甥姊妹之夫為甥四人敵體故更相甥甥猶生也姊妹之子曰外甥女之夫曰甥者據外舅而言也、

壻 去

思計切音細女壻女之夫也或作婿、
夫婿　婿家

女之夫曰壻妻謂夫亦曰壻說文壻从士从胥胥者有才智之稱又長也壻者女之長也江東呼同門為僚壻兩壻相稱為亞壻又家貧出贅妻家曰贅壻

倫 平

夕迍切音論輩也順也類也、
五倫　倫理

親戚有序謂之倫人倫宗族親戚之稱五倫君臣父子夫婦昆弟朋友也、

嫗 去

衣句切音饇老嫗、

嫗者老婦之通稱說文母也古稱母為嫗今俗稱僕婦為老嫗又於語切音傴天地覆育萬物曰煦嫗

疏 平

山徂切音梳不親曰疏、
疏遠　奏疏

疏通也又所助切音數陳事於君前者曰奏疏以其分條數事而言也、

僮 平

徒東切，音同家僮，俗呼小使。
書僮 僮兒

僮者，婢妾之總稱，又家僮，童子之給事者。說文，僮，未冠也，十九歲以下，八歲以上，謂之僮。說文，僮，幼也，童，孥也，今以僮幼字作童，童僕字作僮，相承失也。

僕 入

蒲沃切，音蓬入聲，僕隸賤役也。
奴僕 僕隸

說文，給事者。禮，仕于公曰臣，仕于家曰僕，又御車者亦曰僕，天子之衛御號為太僕，又自稱為僕，卑謙之詞也。

使 上

師止切，音史，差遣也，又式至切，音駛，任事也。
星使 使者

使人曰使，使令也，為人所使亦曰使，使役也，古本作使，从人从事，取令人治事之義。兩國聘問曰公使。

役 入

營隻切，音疫，受使曰役。
斷役 役使

役，使役也，凡受人使令謂之役。說文，役从彳从殳，謂執戈以戍邊也。又斷役者，僕隸之總稱。

奴 平

乃都切音孥服役曰奴、

奴隸 人奴

說文奴婢古之罪人也男子入於罪隸為奴女子入於舂槀為婢奴隸下賤之稱今滿人臣見君稱奴才蓋自居于臣僕也、

婢 去

便俾切音庳奴婢皆賤稱也婢女俗呼丫頭、

奴婢 婢女

說文女之卑者也故从女从卑凡有罪而没入于官者曰官婢古者自世婦以下皆稱曰婢子又夫人有罪而有所請亦曰婢子今通稱使女為婢

隨 平

旬為切音隋俗呼為跟隨

追隨 隨從

隨從也隨從于人先人後己以相卑下之義也易咸其股執其隨隨趾也股動則足隨之故謂足為隨、

傭 平

餘封切音容工作也、

帮傭 傭僕

說文均值也凡雇役于人以受值者謂之傭如傭工傭僕之類是也、

從 平

才用切音俗去聲從行之從、疾容切音俗平聲從違之從、

僕從 從違

從僕從也相隨而行曰從讀去聲從順從也說文本作从聽從也讀平聲 又七恭切音促平聲從容舒緩不迫也 又將容切音蹤與縱同、

配 去

滂佩切音巖說文酒色也假借為配偶之配

發配　配偶

配對也、匹也、夫婦曰配偶、易婦者、配己而成德者也、又祔祭曰配享、又刑律流刑隸曰發配、

匹 入

僻吉切音品入聲、配合曰匹、

文匹　匹配

匹、合也、謂對合也、夫婦曰匹配、說文匹四丈也、四丈則八端、故从八从匸、象束帛之形、俗作疋、又馬曰匹、四匹曰乘、

生 平

師庚切音甥生者、死之對也、

友生　生養

生、産也、人十月而生、獨陰不生、獨陽不生、陰陽和而後萬物生、又先生、父兄也、友生、朋友也、蒼生、百姓也、

育 入

余六切音毓撫養幼子曰育、

養育　育嬰

育、養也、長也、从𠫓、𠫓、幼子也、又生也、天地發育萬物、發育即發生之意、

孕 去

以證切音媵婦人重身曰孕、

身孕　孕育

說文懷子也、从乃从子、象子在胞中之形、或作孕、通作嬴、管子春嬴育、夏長養、

産 上

所簡切音剗萬物資生之總名、動物曰天産、植物曰地産、

生産　産業

說文生也、婦人生子曰産、物生亦曰産、又本其所生長之地亦曰産、又民業曰産、家資曰財産、亦曰生産、

禮 上

音蠡，本恭敬而節文之曰禮。

典禮　禮樂

經傳所載儀禮、周禮、戴禮，合稱三禮。吉、凶、軍、賓、嘉為五禮。合祭、饗、食為六禮。又昏禮以納采、問名、納吉、納徵、請期、親迎為六禮。

制 去

音製，成法曰制。

制度　節制　典制　制禮

人君裁斷事物之言曰制詰。裁斷而定為法者曰制度。又喪有定制，故俗稱喪曰守制。

綱 平

音綱，事之要領曰綱。

提綱　綱領

凡展網者提其綱，則衆目皆舉，故謂事之小節曰目，事之大端曰綱。

紀 上

音己，綜理萬事曰紀。

倫紀　綱紀

羣絲之總曰紀，凡理絲必由其總，故理事亦曰紀。

政 去

音正，所以正人者曰政。

國政　政事

政者正也。正國者曰國政，正家者曰家政。引申之，凡上所施于下者皆謂之政。

治 平

直意切，音稚，不亂之謂也。

國治　治平

又使之不亂亦曰治，音持。

上

賞

賞在上者以報下之有功也、

始兩切音鄉、賜有功也、

刑賞　賞賜

去

賜

賜予物於卑者之謂也、

斯義切音思去聲、施也、坐也、

賞賜　賜教

去

令

平

君之令曰律令、軍中之令曰軍令、書云令出惟行弗惟反、言其必行也、又讀郎丁切音零使也

力正切零字之去聲、必行之命曰令、

軍令　令旗

去

化

火跨切音花去聲、上行下效曰化、

風化　化生

荀子云、狀變而實無別而為異者謂之化、此語已為言化學之嚆矢、今化學家又有化分化合之說、如數質化為一物、曰化合、或一物化為數質曰化分、

去

禁

平

居蔭切、今字之去聲、止人為非之謂也、

監禁　禁止

禁止也、故天子所居曰宮禁、言止人使不入也、又力所能勝者亦曰禁、如不禁之禁、是讀居吟切音今、

令

盟 平

謨耕切音萌約誓于神前也、

同盟　盟約

古者諸侯相結則有盟盟必歃血約誓故从明从血今各國立約聯盟但以書押為信而無歃血之事矣、

饗 上

許兩切音饗祀神也、

燕享　享福

享宴之示敬者曰享又受享于人者亦曰享

詔 去

之笑切音照上告下曰詔、

敕詔　詔命

古時詔本君民通用秦漢專稱天子之令矣、

諭 去

俞戍切音裕明其理之謂也

上諭　諭知

又諭曉也曉之以理亦曰諭上所以曉下者也故稱今之詔書曰上諭、

慶 去

邱正切音罄吉事也、

吉慶　慶賀

慶者吉事之通稱有吉事可賀亦曰慶、又慶善也福慶為善事、如詩之一人有慶是、

賀 去

胡箇切音倭慶人之吉事也、

朝賀　賀喜

賀以禮物相慶也慶上亦曰賀如朝賀之賀是、又方言賀担也自關以西凡用驢馬馱載物者謂之負其他謂之賀、

頒 平

布還切、音班、分布也、

頒賜

頭半白者曰頒白、言髮之黑白分也、

示 去

神至切、音侍、與人視曰示、

指示　示諭

說文、示上从二天也、小下垂日月星也、天垂象、以吉凶示人也、

奏 去

則候切、諏字之去聲、陳事于君前曰奏、

節奏　奏章

奏、進也、如奏事奏功者是、

祭 去

子例切、音霽、祀神曰祭、

喪祭　祭祀

祭、祀也、古人飲食每種各出少許、以祭先代始為飲食、如孔子雖蔬食菜羹、亦必祭者也、

祀 去

祥之切、音似、祭也、

祭祀　祀神

古者祭有五祀、乃門戶中霤灶中行也、本朝定祀、又有大祀中祀羣祀之分、大祀祭天地宗廟社稷等、中祀祭日月嶽瀆先師等、羣祀祭百神、

祝 入

之六切、音粥、以言告神、

讀祝　祝辭

又職救切、音晝、設誓于神前也、

璽 上

想字切音徙、天子之印曰璽、

玉璽

說文王者印也、古者尊卑共之、秦漢以來、唯至尊以為稱、今謂之御寶、

笏 入

呼骨切音忽、臣見君所執者曰笏、

朝笏　笏板

笏忽也、備忽忘也、一名手版、品官所執、古者貴賤皆執笏、有事則搢之于腰帶、明制、四品以上用象牙、五品以下用木、以粉飾之、

圭 平 珪

涓畦切音閨、玉之方者曰圭、

執圭　圭璧

圭瑞玉也、上圜下方、古者天子以圭封諸侯、故从重土、又測日景者曰土圭、又量名六十四黍為圭、四圭為撮、

璽

笏

圭

璋 平

諸良切音章半圭也、

圭璋　璋瓦

説文剡上為之圭半圭則為之璋古人男子生則弄之璋喻其温潤如玉也、

璋

璧 入

必歴切音必玉之琢而圓者、

圭璧　璧人

璧瑞玉也、外圓象天內方象地爾雅、肉倍好謂之璧、謂其邊大而孔小也、又星名、

璧

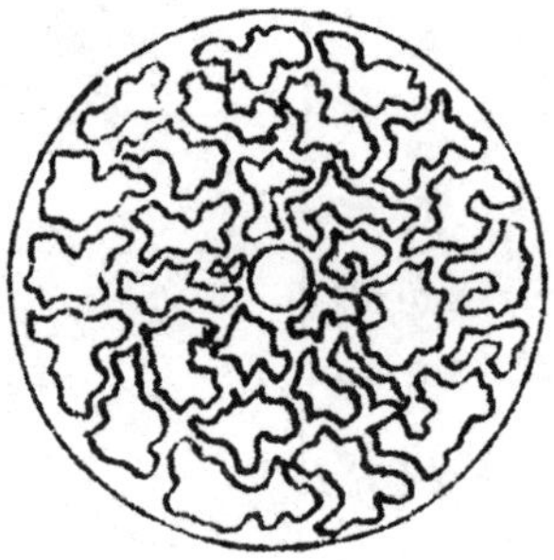

貝 去

博蓋切音䟺古錢也、又水蟲、

寳貝　貝錦

貝海介蟲也古無錢貨貝而寳龜至秦廢貝始有錢、今澳非兩洲土民尚有以海貝代錢者即貝也亦謂之螺殼錢

珍 平

知鄰切音真寳貝之總名也

寳珍　珍重

珍美也、貴也、物之貴者曰珍食之美者亦曰珍人之有才者亦曰珍、

珊 平

師姦切音刪珊瑚可為器皿亦可為首飾

珊瑚島

瑚 平

洪孤切音胡瑚璉宗廟盛黍稷之器

瑚璉 珊瑚

珊瑚生水中諸說不一有謂珊瑚為石者生海島中或青或紅高一二尺裹以繒帛燒之不熱可雕琢為器有謂珊瑚為樹者生海中磐石上白如菌一歲黃二歲赤枝幹交錯高三四尺西國格物家謂珊瑚為微蟲所結成其形或如菌或如樹其質硬積久高大能從海底高至海面結成島形即珊瑚島是也

珊瑚

珊瑚蟲

瑜 平

雲俱切音俞玉有光彩曰瑜

瑾瑜 瑜瑕

瑜美也玉之美者曰瑾瑜

瑕 平

何加切音遐玉之未純者曰瑕

微瑕 瑕瑜

玉之赤者曰瑕玉之有玷者亦曰瑕假借為瑕疵之瑕引申為瑕隙之瑕

寶 上

補抱切音保物之可珍者曰寶
玉寶　寶星

寶珍也人所寶重玉璽曰御寶錢文曰通寶西國最重寶星如中國之以頂翎為名器也

寶星

珠 平

專于切音朱圓粒曰珠
珠玉　名珠

珠蚌之陰精也其光彩煥發為世所珍最貴者曰東珠獨供御用　本朝官員挂珠之制亦分品級名曰朝珠

朝珠

璣 平

居希切音機珠不圓者曰璣
璇璣　璣衡

璣珠類生于水璣珠不圓者一曰小珠也　又璿璣古者測天之器也

玉 入

虞欲切音獄石之美者曰玉
金玉　玉石

玉者象君子之德燥不輕溫不重烈火燒之而不熱者真玉也故君子比德于玉　又時和曰玉燭珍食曰玉食

貨 去

呼臥切，音火，去聲。貨財曰貨，貨物亦曰貨。

財貨　貨物

貨，財也。古者錢名貨泉，又名寶貨。貨者，化也。變化反易之物，故字从化。引申為貨物之貨。

古貨

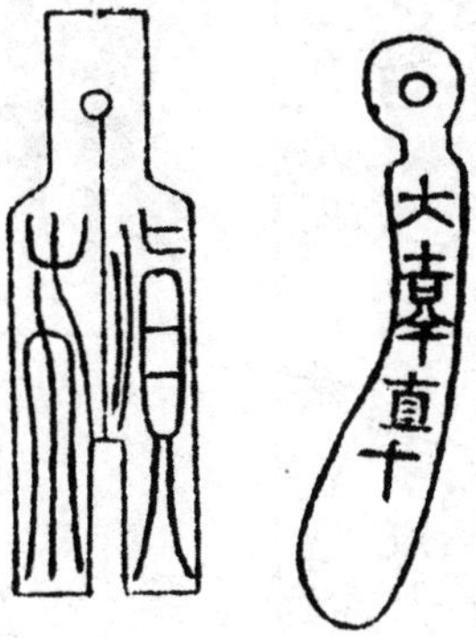

錢 平

才先切，音前。錢，國之寶也。

銅錢　錢鎛

錢，古作泉，至秦始作錢。治銅為錢，所以易貨也。國家改元，必更錢，以年號紀始也。

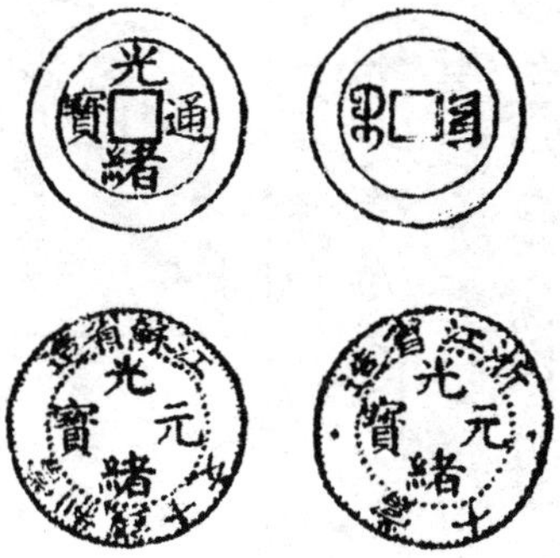

鈔 平

楚交切，音譟。紙幣也。別作抄，謄寫也。

會鈔　鈔票

鈔，楮貨之名，即今之紙幣，俗稱鈔票。其制始于宋時，以銅少，造鈔引。有大鈔、小鈔，與錢並用。今中西並行鈔票，惟立法不善，易致弊竇，為可慮焉。

財 平

牆來切，音裁。

錢財　財主

財者，人之所寶也。又與材通。孟子有達財者。又與裁通。易后以財成天地之道。

上 鼎

都定切音頂、鐘鼎 鼎足

鼎三足兩耳古者和五味之寶器也昔禹平治天下收九牧之金鑄鼎荊山之下故後世定天下者謂之定鼎

鼎

平 彝

延知切音姨酒尊之總名、秉彝 彝倫

彝宗廟之常器也周禮辨六彝之名物以待祼將六彝者雞彝鳥彝黃彝虎彝蜼彝斝彝也又常也如彝倫彝則之類是、

斝 彝

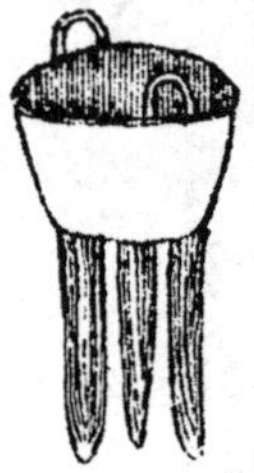

入 席

夷然切音延竹席曰筵、酒筵 筵席

筵亦席也鋪陳曰筵藉之曰席筵鋪于下席鋪于上所以為位也 又經筵王者講讀之處、

去 硯 研

倪田切音睍研墨者曰硯 筆硯 硯池

硯研也研墨使和濡也說文石滑也滑本訓利利猶厲也與研摩義同故硯通作研

籩 平

卑免切音邊、祭祀燕享所用之器也、

籩豆

籩、竹豆也、以竹為之、口有藤緣、形制如豆、亦容四升、盛棗栗桃梅蔆芡脯脩膴鮑糗餌之屬、

籩

豆 去

大透切音竇、祭器也、狀如鐙、以木為之、容四升、

俎豆　豆米

豆、古盛肉器也、夏以楬豆、商以玉豆、周以獻豆、又穀也、大豆曰菽、小豆曰荅、俗作荳、非、又量名、攷工記、食一豆肉、飲一豆酒、豆古斗字、

豆

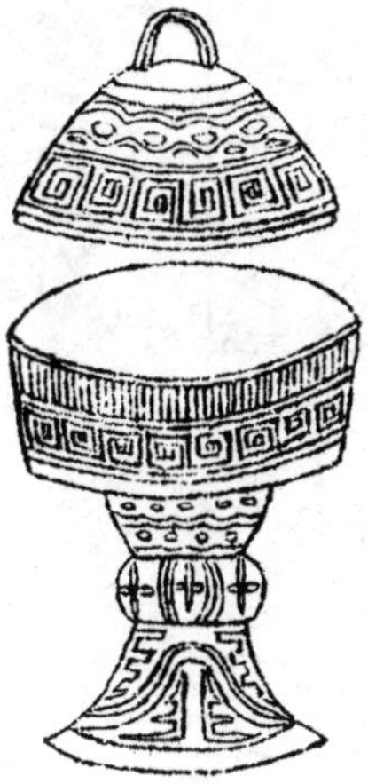

俎 上

壯所切音阻、祭享之器曰俎、

刀俎　俎豆

俎、几也、又椹板也、如刀俎之俎是、又調味之器也、如鼎俎之俎是、又載牲之器也、如殽俎之俎是、

俎

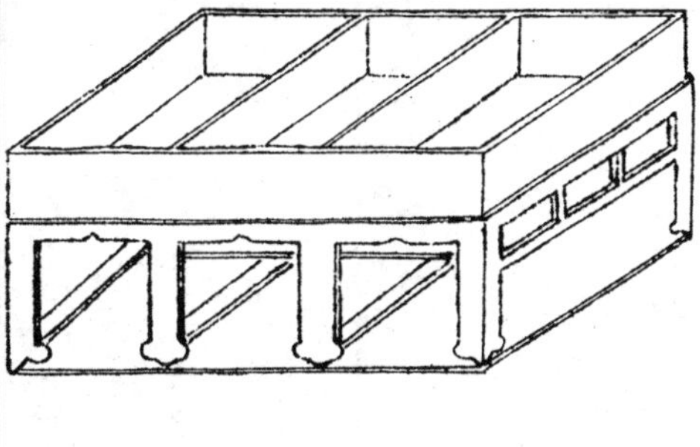

罍 平

盧回切音雷尊之大者曰罍

金罍　罍瓶

簠 上

斐父切音甫外圜內方曰簠容一斗二升

簠簋

簋 上

古委切音晷外方內圜曰簋容一斗二升

罍酒尊也形似壺大者受一斗天子以玉飾諸侯大夫以黃金飾士以梓皆刻雲雷之形

簠盛黍稷之圜器也夏曰瑚商曰璉周曰簠簋皆飾以玉器之貴重而華美者也

簋盛黍稷之方器也

罍

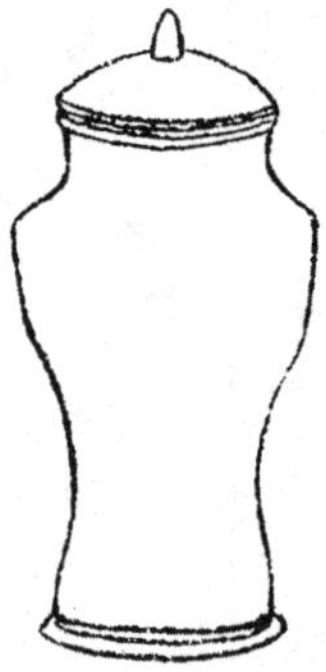

簠

簋

鑾 平

盧官切音鸞天子乘車曰鑾

金鑾　鑾駕

鑾天子所乘之車也四馬鑣八鸞鈴以象鸞鳥聲今掌護衛鑾駕者曰鑾儀衛又翰林院與金坡殿相接故學士院號金鑾

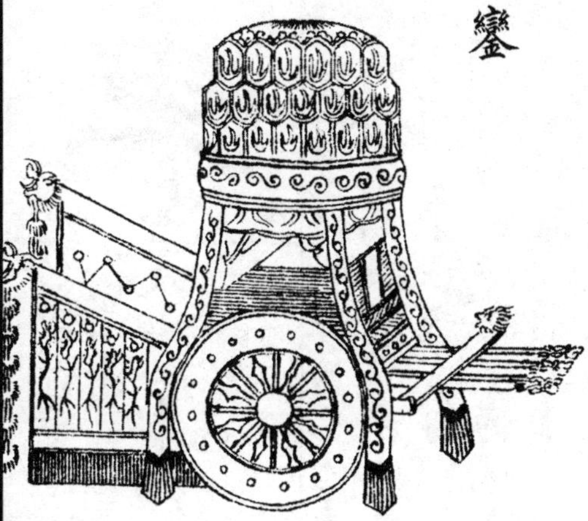

鑾

輦 上

力展切音鄻挽車曰輦

車輦　輦重

輦人步挽車也又天子乘車曰玉輦宮中道曰輦道京師謂之輦下

蹕 入

壁吉切音必所行皆警曰蹕

駐蹕

蹕止行人以清道也天子乘輦左右侍帷幄者曰警出殿則傳蹕故稱警蹕天子巡狩所止曰駐蹕

輿 平

雲諸切音余車牀曰輿又轎曰肩輿

乘輿　輿馬

輿車也古時聖人觀轉蓬始為輪輪行不可載因為之輿輿即車牀也又坤輿地也堪輿天地之總名又舁車也兩人對舉之車曰肩輿俗名為轎

駢 平

蒲眠切音蹁二馬之車曰駢

駢文

駢兩馬也凡車駕四馬謂之駟駕三馬謂之驂駕兩馬謂之駢又凡物增贅旁出者曰駢駢指枝指也駢脅比脅也

車 平

於斤切音居輪行曰車 大車 車馬

車行重致遠之器也、黃帝作車、少昊時加牛、禹時奚仲為車正加馬、古有田車兵車乘車、本朝車制亦分品級、今上海馬車東洋車皆西式、又有火車

軾 入

所職切音式車前橫木曰軾、伏軾 軾憑

軾式也、所伏以式敬者也、古者乘車必正立、有所敬則俯而憑於軾

轍 入

直列切音徹車迹曰轍、轍迹 蘇轍

轍車輪行之迹也、亦謂之軌道、

軌 平

矩鮪切音究車行之路曰軌、鐵軌 軌道

軌車轍之迹也、車所轢曰轍、兩轍之間曰軌、車行必由軌道、如人之有法度也、故引申為軌度之軌、今火車所行者曰鐵軌、亦名鐵路

轂 入

古祿切音谷輪輻所湊者曰轂、輦轂 轂軸

輪之正中為轂、轂空其中、以貫軸、輻湊其外、以轉輪、皆所以行車也、故凡人之相薦引者曰推轂、

軺 平

餘招切音遥小車曰軺、星軺 軺車

軺遥也、四向遠望之車也、一作䡖 今稱使臣曰星軺、

舟

平

之由切、音周、行於水者曰舟、

舟、船也、關西謂之船、關東謂之舟、今吳越皆謂之船、易、刳木為舟、剡木為楫、舟楫之利、以濟不通、

舟

艦

上

戶黤切、音檻、所以載兵者曰艦、

艦、兵船也、禦敵之船曰艦、四方施板、以禦矢石、其內如牢檻、故謂之艦、

艦

柁

去

待可切、音馱、上聲、所以正船者曰柁、

柁、正船木也、設於船尾、使船順流不他戾也、或作柁、又作柂、舟尾曰柂、柁在舟尾、柂拽於後、故又謂之柂、

柁

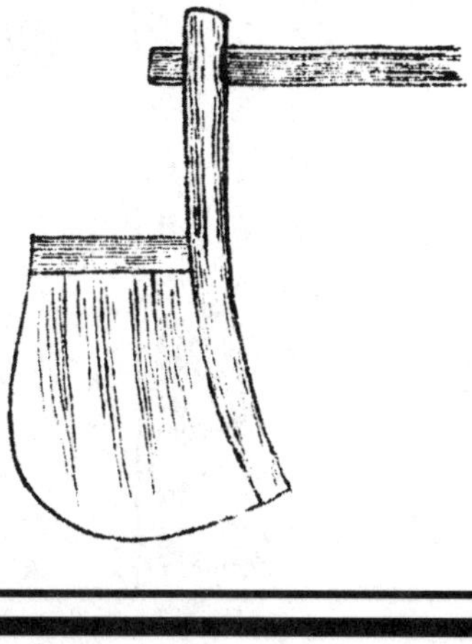

篷 平

蒲紅切、音蓬、所以覆舟者曰篷

篷、船上連帳也、或以布為之、或編竹夾箬以覆舟面者、謂之船篷、又牽也、車簍、南楚之外謂之篷、

篷

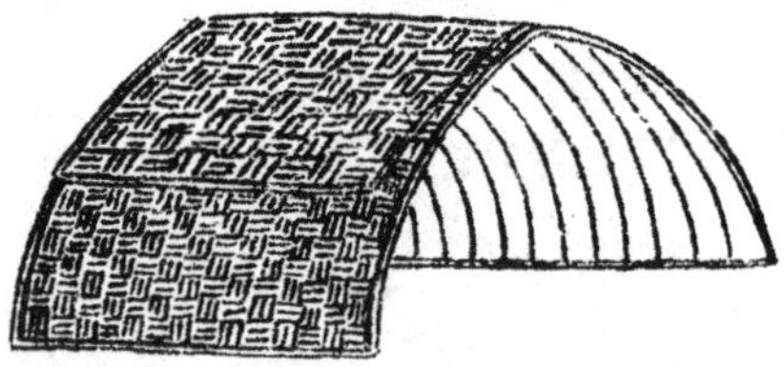

纜 上

盧瞰切、音濫、所以繫舟者曰纜

纜、維舟之索也、或以繩、或以鐵鍊、舟停則繫之於岸、謂之纜船、舟行則解之、謂之解纜、

撐 平

抽庚切、音瞠、以篙進船曰撐、俗作撑、

撐、支也、四支合力曰撐、凡事之力持者曰支撐、船欲止而以篙支之使行、謂之撐船、

錨 平

武瀌切、音苗、所以止船者曰錨、俗讀若茅、

錨、船上鐵錨也、或二角、或四角、形如叉、以鐵索貫之、投水中、使船不動搖者、謂之錨、

槎 平

鋤加切、音查、桴也、或謂之槎、通作查、

槎、水中浮木也、編木或竹為之、亦謂之桴、又側下切、音乍、斜斫木曰槎、

轎 去

渠嬌切、音橋、肩輿曰轎、
車轎　轎馬

轎隘路之車也、即今之竹輿、又輿橋通史記、山行即橋、橋同轎、謂其平如橋、本朝轎制亦分品級王貝勒用杏黃、三品以上用綠、以下用藍、

轅 平

于元切、音袁、所以駕馬者曰轅
車轅　轅門

轅援也、車之援也、車前曲木上鉤衡者謂之輈、亦曰轅、古者軍中以車轅相向表門、故曰轅門、今官署多沿其稱、

軬 去

父遠切、音飯、車篷曰軬、又步本切、音笨、義同、

軬車上之篷也、軬為車之篷、以蔽風雨故謂之軬、取覆車之義也、

馳 平

陳知切、音池、
疾馳　馳驅

馳奔走也、馬大奔曰馳、人疾走亦曰馳、

騎 平

渠宜切、音奇、乘馬曰騎
車騎　騎射

騎跨馬也、古者服牛乘馬、馬以駕車不言單騎、至六國時始有騎馬、蘇秦所謂車千乘騎萬匹是也、

駕 去

居亞切、音嫁、乘車曰駕、
聖駕　駕馬

駕馬在軛中也、唐制天子居曰衙、行曰駕、駕者車馬備具之謂也、如孟子乘輿已駕是、又別駕官名、

樂 入

逆角切，音學。古者伶倫作樂。 禮樂 樂器

樂者，五聲八音之總名。五聲，宮商角徵羽也。八音，金石絲竹匏土革木也。又魚教切，音效，喜好也。又歷各切，音洛，喜樂也。又魯刀切，音勞，人名，伯樂相馬。

律 入

力入切，音立。所以定分止爭也。 六律 律例

又陽律為律，陰律為呂。六律六呂為十二宮也。

呂 上

兩舉切，音旅。陰律也。 律呂 呂尚

說文：呂，脊骨也。从口，呂象顆顆相承，中象其系聯也。樂律六呂中，又有大呂、中呂、南呂等名。

韶 平

時昭切，音軺。紹也，美也。 簫韶 韶光

韶，舜樂也。舜紹堯之德，故其樂名為韶。一曰韶者美也。凡言韶華、韶光取此。

舞 上

罔古切，音武。發揚蹈厲謂之舞。 歌舞 舞蹈

舞，歌舞也。即今之演劇。古者舞有六：曰帗舞，曰羽舞，曰皇舞，曰旄舞，曰干舞，曰人舞。又舞蹈，樂極也。

佾 入

弋質切，音逸。行數人數，縱橫皆同曰佾。 八佾 佾生

佾，舞列也。天子八，諸侯六，大夫四，士二。佾人數如其佾數，或曰每佾八人，故佾从八，从人，从月者，象足相背之形。

鐘 平

諸容切，音鍾，金聲為鐘 鐘聲 黃鐘

鐘者空也、內受空氣多、故聲大也、又律名黃鐘、十一月、夾鐘、二月、林鐘、六月、應鐘、十月、

鐘

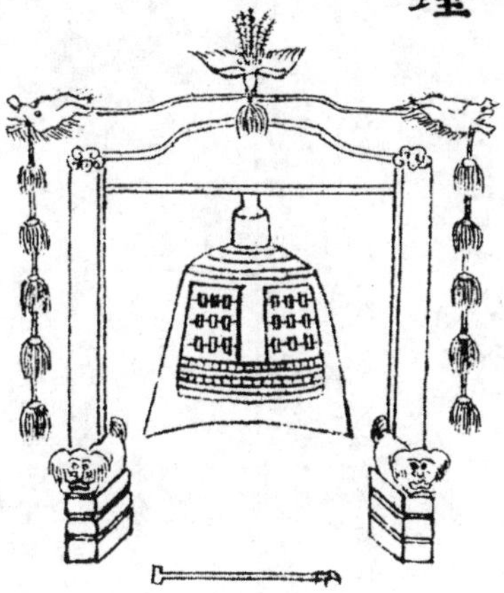

鼓 上

公五切、音古、革音之樂器也、鐘鼓 鼓樂

鼓、郭也、春分之音、萬物郭皮甲而出、故謂之鼓、伊耆所造、夏曰足鼓、殷曰楹鼓、周曰縣鼓、又量名、斛謂之鼓、

鼓

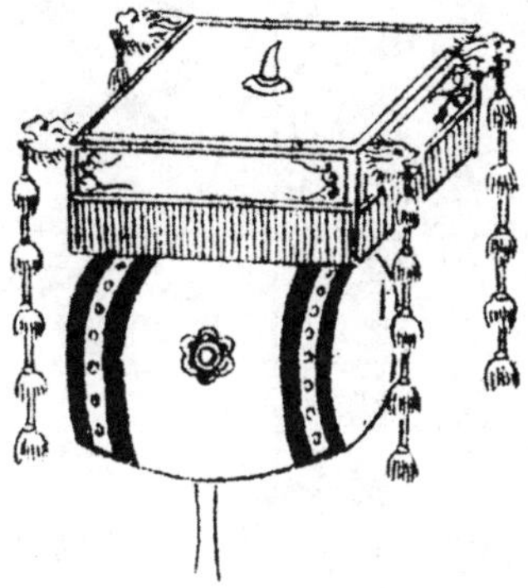

鼙 平

駢迷切、音崥、小鼓也、鼓鼙

爾雅、鼙、裨也、所以裨助鼓節也、昔帝嚳所造、

鼙

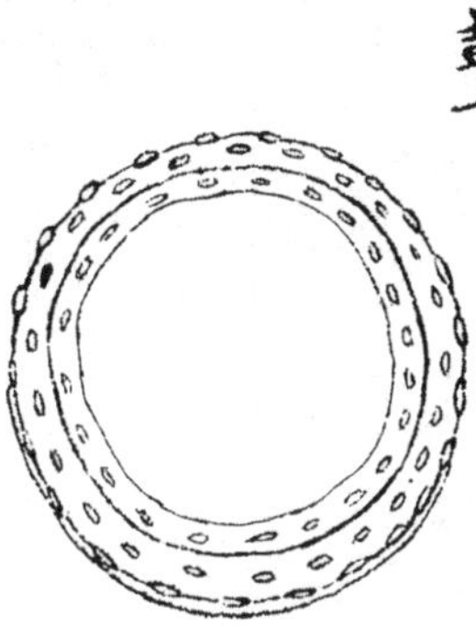

琴 平

渠金切音黔絲屬之樂也有五絃有七絃
洋琴　琴書

琴禁也君子所以自禁制也古者神農作琴洞越練朱五絃周加二絃
又檐前鐵馬曰風琴

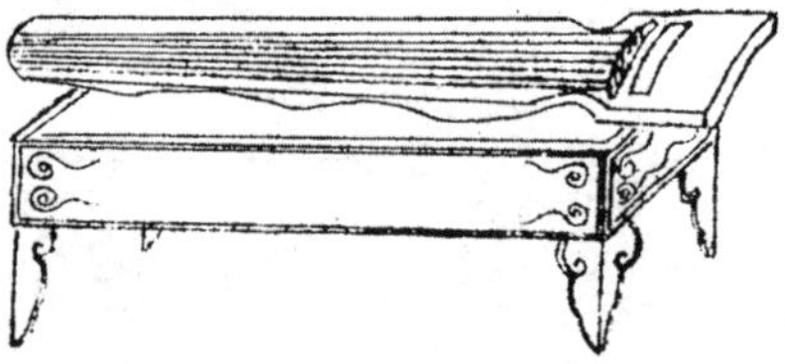
琴

瑟 入

色櫛切音瑟亦絲屬之樂也
琴瑟　瑟瑟

瑟庖犧氏所作弦樂也本五十弦黃帝使素女鼓瑟黃帝悲乃分之為二十五弦又瑟瑟風聲
又蕭瑟草木搖落聲

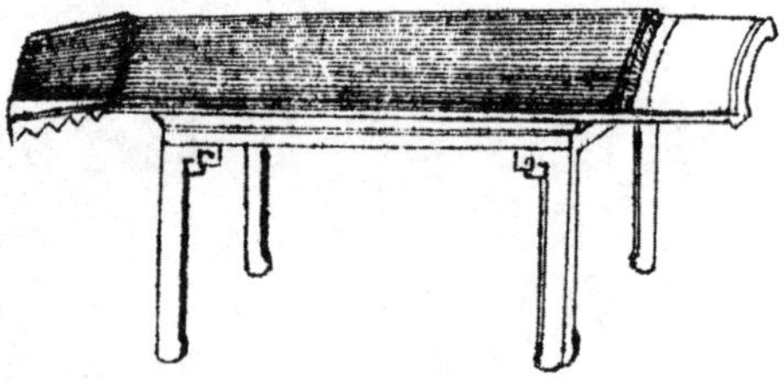
瑟

箏 平

側莖切音爭瑟類
風箏　箏琶

箏秦聲也蒙恬所作鼓絃竹身本十二絃今為十三
又檐前鐵馬曰風箏又紙鳶亦名風箏

箏

琵 平

蒲仳切音皮馬上之弦樂琵琶

琵琶漢時裁箏筑為馬上之樂、以遺烏孫公主、其器中虛外實、柄直盤圓十二柱、四絃、俗語名之曰琵琶、

琶 平

蒲巴切音爬近代樂家所作名曰琵琶、銅琶

琵琶、樂器、馬上所鼓者推手為琵、引手為琶、取其鼓時以為之名、又魚名、形似琵琶、無鱗

磬 去

詰定切音罄石聲為磬玉磬　磬折

磬者夷則之氣象萬物之成故為立秋之樂、又磬控、御馬也磬折垂佩也、又與罄通、垂盡也

古琵琶

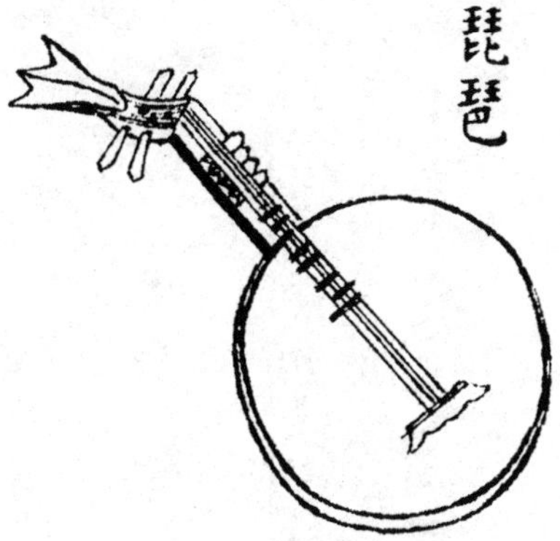

今琵琶

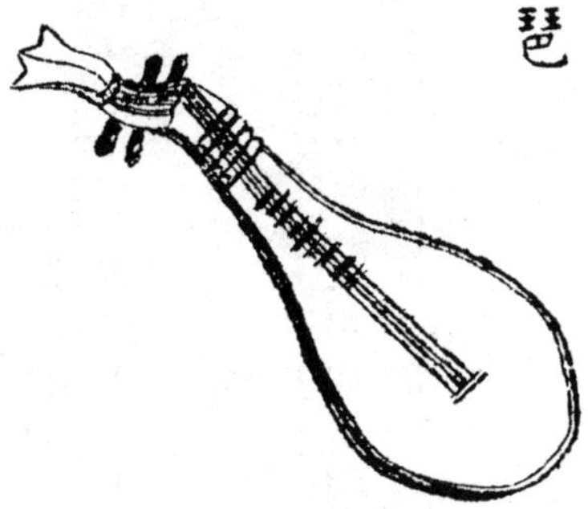

磬

簫 平

先彫切，音蕭。截竹為之，直吹曰簫。
笙簫　簫韶

簫肅也其聲肅肅而清也舜作簫其形參差以象鳳翼大者二十四管小者十六管又銅簫簫之無底者

簫

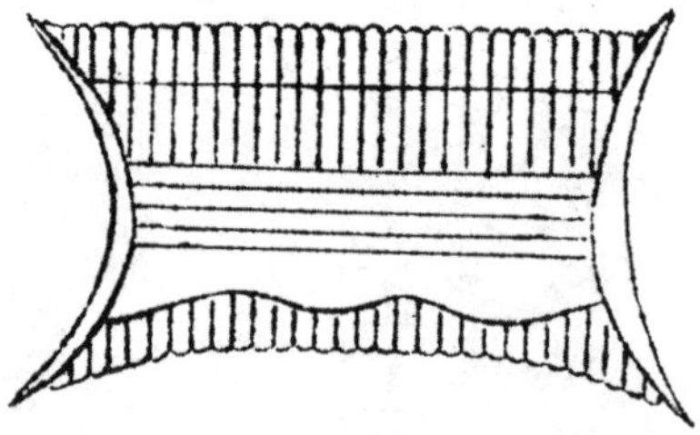

管 上

古緩切，音莞。形如截竹也。
簫管　管理

黃帝所造用以定音審律也截竹十二長短有差候氣奏之也

管

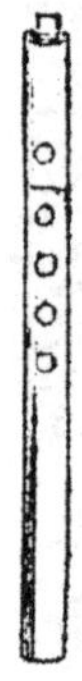

笛 入

杜歷切，音狄。橫吹曰笛。
玉笛　笛聲

笛滌也所以蕩滌邪志也有雅笛有羌笛雅笛七孔武帝時邱仲所作羌笛五孔羌人所作近世所吹者是也

笛

笳 平

居牙切、音嘉

胡笳

竽 平

雲俱切、音于、大于笙者曰竽、

竽笙　濫竽

笙 平

所庚切、音生、匏曰笙、女媧所作也、

吹笙　笙簧

胡笳、伯陽避入西戎所作、似觱篥而無孔、後世鹵簿用之、為軍中之樂器

竽象笙、三十六管、用竹為之、形參差、象鳥翼、亦女媧氏所作、

笙、生也、象物貫地而生也、以匏為之、十三管、象鳳之身也、

笳

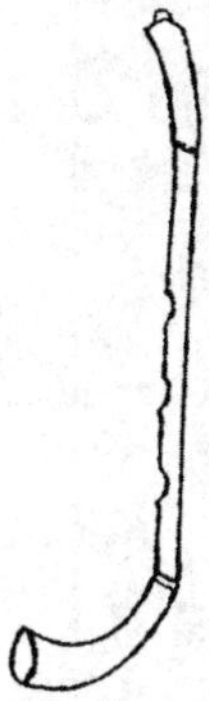

竽

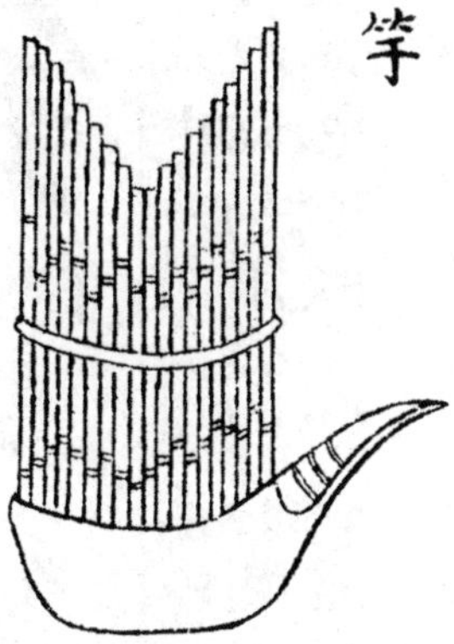

笙

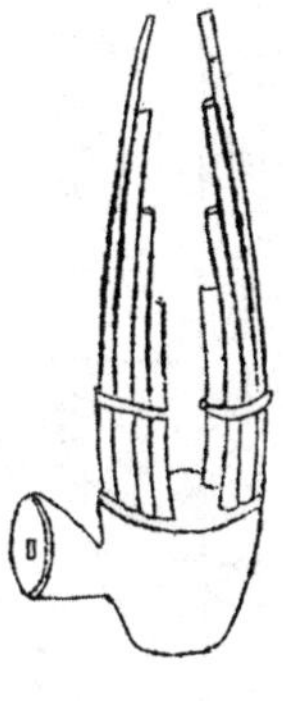

鑼 平

郎何切音羅所以警衆者曰鑼

銅鑼　鑼鼓

鑼者以銅為之形如盆大者聲揚小者聲殺樂書有銅鑼自後魏有銅鈸沙羅即鈔鑼

鑼

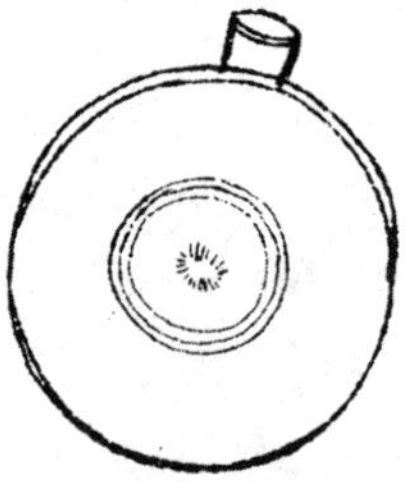

鉦 平

諸成切音征形如鐘而小者曰鉦

銅征　鉦鼓

鉦鐃類也古者行軍用以節鼓盐鼓以動為用鉦以静為主也一云鐲也俗假為約腕者之名

鉦

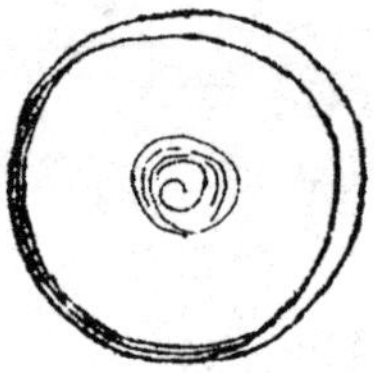

鐸 入

達各切音度入聲所以宣教令者曰鐸

木鐸　鐸聲

鐸度也號令之限度也古者將有新令必振鐸以警衆文事用木鐸武事用金鐸又檐前鐵馬曰風鐸

鐸

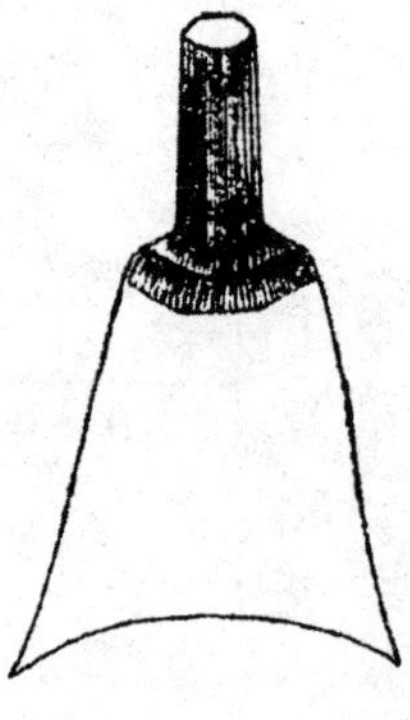

刑

平

奚經切、音形、所以治罪者曰刑、舊古通型、法也、

典刑　五刑　刑賞

刑、法也、正也、犯罪而正之法曰刑、故从刀幵聲、古以墨劓宮刖殺、為五刑、今律以斬絞流徒杖為五刑、

赦

去

式夜切、音卸、釋有罪者曰赦、

恩赦　赦過

赦、釋也、古者五刑之疑有赦、又有三赦、一曰孱弱、二曰老旄、三曰蠢愚、今　國家有慶典、則有大赦、

宥

去

于救切、音又、赦宥罪者曰宥、

寬宥　宥過

宥、寬也、寬之而未釋之為宥、古有三宥、一曰不識、二曰過失、三曰遺忘、

判

去

晉半切、音泮、分別是非曰判、

裁判　判斷

判、半也、得合為和、主合其半、故算術有分割法、凡分析事物皆曰判、斷獄之詞亦曰判、　本朝有通判州判運判等官、

控

去

苦貢切、音空去聲、挾持而告之謂控、

控訴　上控

控、告也、謂赴訴於官也、又操制也、引弓曰控、止馬曰控、

訟

去

似用切、音頌、爭曲直於官曰訟、

詞訟　訟獄

訟、公也、从言从公、取言由公斷之義、　又眾論曰聚訟、自省曰內訟、

捕 去

蒲故切音步、巡查逃亡曰捕、巡捕 捕役

捕、擒捉也、其人在而直取之曰逮、其人亡而討捕之曰捕、如追捕盜賊之類是也、

捕房

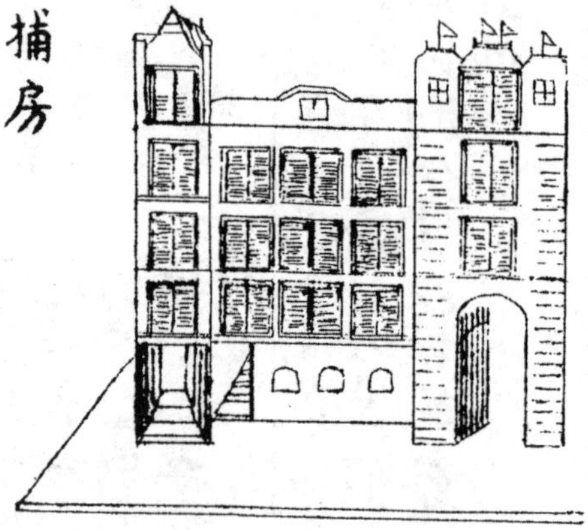

犯 去

防鋄切音凡上聲、犯、違忤也、冒犯 犯法

犯、干也、干法曰犯法、犯法之人曰犯人、以下干上曰犯上、

究 去

居又切音究、深求也、考究 究竟

究、窮盡也、如深究追究之究是也、故糾察獄情曰查究、考求事理曰研究、

冤 平

於袁切音鴛、屈未伸曰冤、伸冤 冤屈

冤、屈也、从兔从冖下、冖不得走、益屈折也、凡人之受冤莫白者似之、

枉 上

嫗往切音汪上聲、邪曲曰枉、又屈駕曰枉駕、冤枉 枉駕

枉、屈也、又不直也、凡人之不直者、皆謂之枉、又冤也、凡事之被誣者、亦謂之枉、

獄 入

虞欲切，音玉。所以拘罪人者曰獄。

牢獄　獄吏

說文：獄，确也。确，實人之情僞也。古作⿴囗獄，象四圍周帀，而二犬守之。古無獄，自商周始。商曰羑里，周曰牢。

囚 平

徐由切，音遒。罪人曰囚，繫罪人者亦曰囚。

囚牢　囚籠

說文：繫也。从人在口中，會意。周禮掌囚之法，凡囚者，上罪梏拲而桎，中罪桎梏，下罪梏。

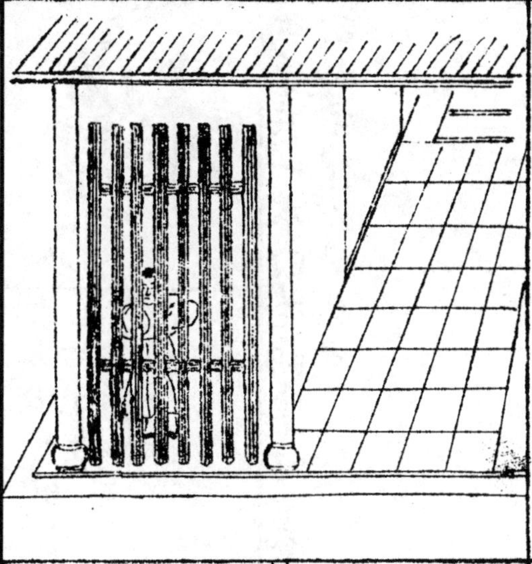

牢 平

郎刀切，音勞。狴犴曰牢，所以繫罪人也。

監牢　牢籠

牢，閑也。說文：養牛馬圈也。从牛在牢中。人之繫獄，猶牛之繫牢也，故假借為牢獄之牢。

懲 平

持陵切，音澄。使民知儆曰懲，痛改前非亦曰懲。

痛懲　懲儆

懲，儆也。凡刑人之本，禁暴惡惡，所以儆其來也。通作懲。

桎 入

職日切音質械
在足曰桎、桎
梏

桎之爲言躓也、所以躓礙之、不
使行也、

梏 入

古沃切音鵠械
在手曰梏、手
梏 梏亡

兩手共一木曰拲、兩手各一木
曰梏、今律以鐵爲之、

罪 去 辠

徂賄切音在犯
法曰罪人、有
罪 罪人

說文、罪捕魚之竹網也、本作辠、
秦始皇以辠似皇字、改作罪、後
世因之、

枷 平

居牙切音加械
於項者爲枷
荷枷 枷杖

枷項械也、古者以械枷項謂之
荷校、今俗謂之掮枷、
連枷、打穀之具、加杖于柄頭、以
撾穗而出穀者、

笞 平

抽知切，音痴。古時笞背，後世笞臀，皆扑教之刑也。笞杖

笞之為言恥也，凡過之小者，捶撻以恥之。漢用竹，後世更以楚，今律仍用竹。書曰：扑作教刑，是也。

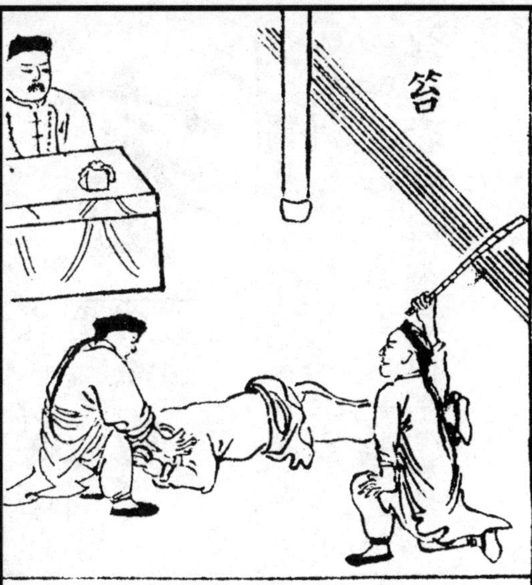

絞 上

吉巧切，音狡。以帛縊之曰絞。斬絞　絞繩

絞，縊也。左傳：若其有罪，絞縊以戮。五刑有絞者，所以全其首領也。又居效切，音教，繒黃黑色。又何交切，音爻，交也，交結之謂之絞。

殺 去 入

山戛切，音煞。棄市之刑曰殺。格殺　殺人

殺，獲也，謂獲其首領也。以鈇鉞者謂之斬，以刃刃者謂之殺。又所賣切，音曬，降也，減削也。

審 上

式荏切、音嬸、詳悉曰審、詳問亦曰審　詳審　審問

說文審悉也、本作宷、从宀、覆也、从釆、別也、能包覆而深別之、所以明是非曲直也、故凡事之能詳悉者、皆曰審、鞫獄曰審案、

訊 去

思晉切、音信、上問下曰訊、　問訊　訊問

訊問也、下問於衆、謂之訊、故鞫獄曰訊案、

又書信往來曰問訊、

詰 入

喫吉切、音結、糾察其罪曰詰、　究詰　詰旦

詰治也、問罪也、如詰奸詰寇之類是、

又詰朝明旦也、

誅 平

追輸切、音株、罪及餘人曰誅、　誅夷　征誅

誅株也、如株木根枝葉盡落也、古者凶暴淫虐、則有誅、所以明正其罪也、

斬 上

阻減切、音嶄、大辟之刑曰斬、　斬決　監斬

斬截也、古者車裂謂之斬、後世改腰斬、今律有斬立決斬監候之例、

又斬衰喪服也、

梃 上

待頂切、音挺、木棍也、　制梃　梃杖

梃杖也、古謂之梃、今律謂之杖、俗謂之木棍、

縲 平

倫追切音纍繫於項者為縲絏
縲絏

縲絏黑索也所以繫罪人者今律用鐵練

繫 上

吉詣切音計以繩縛物曰繫
維繫 繫辭

繫約束也又纏縛也凡物之不連屬者必束之縛之又胡計切音系繫辭者聖人之言也

縛 入

甫約切音附入聲以繩束物曰縛繫因亦曰縛
束縛 縛軸

縛在車下主縛軸與輿相連即今所謂鉤心也假借為繫縛之縛

理 上

良以切音里有條不紊曰理
道理 理值

說文理治玉也物之文理惟玉最明故从玉治玉曰理治民亦曰理 本朝理刑之官稱大理寺

放 去

甫妄切音舫
開放 放蕩

放逐也罪大而徙之曰放逐承釋也罪小而免之曰放釋又分兩切音昉則也效也與倣同

察 入

初戛切音刹
審察 察聽

察覆審也審及細微謂之察如考察查察是也更申為察理察核之察

訪 上

敷亮切音妨去聲、諮諏于衆謂之訪、 查訪 訪求

訪訊問也、謂廣問於人也、如訪道訪賢之類是、引申之謂察訪之訪、故問刑之官稱廉訪、即今臬司是也、

查 平

莊家切音槎、考察細微謂之查、 查考 細查

查考察也、本作槎、槎水中浮木也、

搜 平

疏鳩切音蒐、檢索曰搜、 檢搜 搜羅

搜查也、於道曰略、就室曰搜、今以講求文義曰搜討、旁求俊乂曰搜羅、引申之為搜查搜檢之搜、

鞭 平

卑連切音編、笞背曰鞭、 馬鞭 鞭背

鞭笞也、書鞭作官刑、今刑法有鞭背是也、又馬箠也、所以策馬者曰鞭、

扑 入

普木切音鋪入聲、鞭以示辱曰扑、 鞭扑 扑教

扑笞也、書扑作教刑、古謂之杖、又謂之夏楚、今律謂之笞、

撻 入

他達切音闥、 鞭撻 撻伐

撻扑也、扑以示刑曰撻、書撻以記之是也、

拘 平

恭于切，音駒。盡拘、拘獲

拘止也。拘去手能止之也。又執也。書云盡執拘以歸于周是也。故受人束縛曰拘，捕獲罪人亦曰拘。又俱遇切，音句。拘拏不展也。

拏 平

女加切，音呶。亂。相持搏曰拏。拘拏、拏獲

拏攫也。又牽引也。謂引而攫取之也。故取物曰拏，拘捕罪人亦曰拏。亦作拿。

擒 平

渠金切，音琴。持衣衿曰擒。就擒、擒捉

擒捉也。本作捦。又與禽通。禽者擒也。言禽鳥力小，可擒捉而取之也。故凡捉物曰擒。引申為擒捉盜賊之擒。

捉 入

側角切，音莊入聲。捕拘在握曰捉。拏捉、捉獲

捉促也。使相促及也。捕物曰捉。引申之，如追捕罪人亦曰捉。又唐制戍邊之兵，大曰軍，小曰守捉。

囹 平

郎丁切，音靈。說文：獄也。囹圄

囹領也。言領錄囚徒監禁也。周曰牢，秦曰囹圄。

圄 去 平

偶許切，音圉。獄名

圄止也。所以止罪人之出入也。通作圉。說文：囹圄作囹圉。

文 平

無分切音紋眾字以成文曰文 王文 文字 文章

昔倉頡造字依類象形曰文今東西各國皆別有一文字西文左行東文與中國畧同而另製字母四十九以輔之

字 去

疾二切音自文字也又名字也又女許嫁曰字 文字 字彙

字孳也乳也本訓為撫字之字假借為文字之字古者倉頡造字作蝌蚪文後世有大小篆隸書楷書草書今則東西文盛行而其用益廣

典 上

音典皇帝之書曰典 古堯典 今大清會典

五帝之書曰五典典守也典籍典史等官皆以守官為義故有典守之職

謨 平

莫胡切音模謀也 嘉謨 謨訓

凡謀之將定未定者曰謨如大禹謨皐陶謨之謨是

訓 去

吁運切音薰去聲教誨也 教訓 訓誨

能釋斯言之理謂之訓故釋經曰訓詁

誥 去

居號切音告君之命辭曰誥 訓誥 誥封

誥告也下告上曰告上告下曰誥

書 平

商居切，音舒。經籍也。又寫字曰書。詩書　書籍

書者庶也，紀庶物也。五經六籍總名曰書。古者刻字於竹帛謂之書。後世鐫之於板。今則鉛板、石印，尤為簡易矣。又信札曰書。兩國通問曰國書。

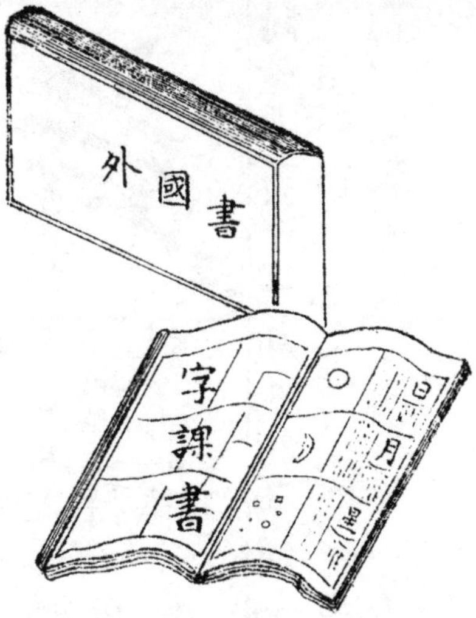

籍 入

前歷切，音踖。書籍也。典籍　籍田

籍借也，借此簡書以記録政事，故曰籍。又尺籍所以書軍令也，户籍所以記户口也，門籍所以籍出入也。

簿 去

裴古切，音部。會計之籍，謂之部。典籍　簿籍

計簿謂計度支之出入者也。

冊 入

恥革切，音策。冊書也。本作冊，今作册，亦作冊。典冊　冊封

冊符命也。諸侯進受於王者曰冊。象其札一長一短，中有二編之形。今以書一編為一冊。

編 平

卑眠切，音邊。次簡曰編。以繩次物曰編。簡編　編次

編所以聯次簡也。古用竹簡，以次排列而聯絡之曰編。後世用刻板纂成卷帙，亦謂之編。

詩 平

申之切，始字之平聲。文之協韻者謂之詩。 唐詩　詩賦

詩經三百十一篇，為孔子所刪定。漢時衍為五七言諸體，自唐而以之取士矣。

騷 平

蘇曹切，音搔。不安曰騷。 離騷　騷人

騷，擾也，憂也。離騷，言離憂也。楚屈原所作。

賦 去

方遇切，音付。古詩之流也。 詩賦　賦稅

賦者，敷陳其事而直言之者也。詩有六義，其二曰賦。荀卿等始以韻文為之，後人宗之，遂與詩體大異。

頌 去

似用切，音誦。人之盛德曰頌。 頌美　稱頌

頌者，美盛也。如詩之商頌、周頌是。

策 入

耻革切，音册。馬鞭。 執鞭　策馬

又策，簡也。連諸簡而編曰策。又定謀亦曰策。如射策、對策是。

銘 平

忙經切，音冥。記事曰銘。 鼎銘　銘功

銘，名也，以稱揚其先祖之美，而明著之後世者也。又書死者之名於旌，曰銘旌。

易 入

夷益切音亦述卦之書也、
變易　易經

卦爻有交易變易之義故名曰易經、三易、連山歸藏周易也、又以智切音異、不難也、

爻 平

何交切音肴、卦畫也、　卦爻
爻辭

爻者效天下之動也、

卦 去

古畫切音挂、用以卜筮者謂之卦、　八卦　卦爻

伏羲始畫八卦、文王衍之有六十四卦、後之筮者宗之、

篆 去

柱兗切音瑑、古之字也、　大篆
篆文

倉頡造字始有蝌蚪篆、至周史籀變為大篆、李斯改作小篆、又有垂露懸針等篆、

碑 平

逋眉切音陂、竪石曰碑、　碑帖
墓碑

碑所以悲往事也、古者宗廟立碑、以繫牲耳、後人因於其上紀功德、鐫其文曰碑文、

隸 去

堂計切音第、屬乎人曰隸、　直隸
隸書

秦程邈省改大篆名曰隸書、謂可施之于徒隸也、

繪 去

胡對切、音潰、圖物之形也、　筆繪　繪圖

古時說文、繪从糸从會、乃繡之五采相會也、後人改之爲筆繪矣、

圖 平

同都切、音徒、謀也、　河圖　圖謀

河圖爲圖之原始、六書之象形即圖也、西人別有圖學、繪圖以明言語所難顯者、如地理機器筆圖是、

柬 上

賈限切、音簡、帖也、　全柬　柬帖

凡往來書札、有封曰函、無封曰柬、

稟 上

筆錦切、賓上聲、　稟帖　告稟　稟受

稟、受也、受命曰稟、今俗以白事爲稟、古無此義、　按稟本音懍、說文賜穀也、从㐭从禾、俗作禀非、

箋 平

將先切、音湔、信紙曰箋、又表識之亦曰箋、　信箋　箋奏

箋、表也、古者紀其事以竹編次、爲之表識、故字从竹、今假爲箋紙之箋、通作牋、又義未盡而表明之曰箋註、

翰 去

侯旰切、音旱、雞羽也、　詞翰　翰音

以羽爲筆曰翰、羽之有文采者亦曰翰、故進士稱翰林、言文采如林也、

函 平

胡南切音含。封書信曰函。又函丈、師長之稱。　槀函　函牘

函包藏也。如書信曰函。書籍一冊曰一函。皆取包藏之意也。又甲鎧也。作甲者曰函人。

牘 入

杜谷切音讀。書版也。今謂信札曰尺牘。　公牘

牘木簡也。古未有紙。以木為之。長一尺。未書字曰槧。已書字曰牘。亦曰尺牘。

卷 上

居倦切音眷。可舒卷者謂之卷。　書卷　卷頁

古者一書為一卷。謂其可卷而藏之也。今以一編為一卷。沿古時之稱也。又古轉切音眷上聲。又逵員切音拳。

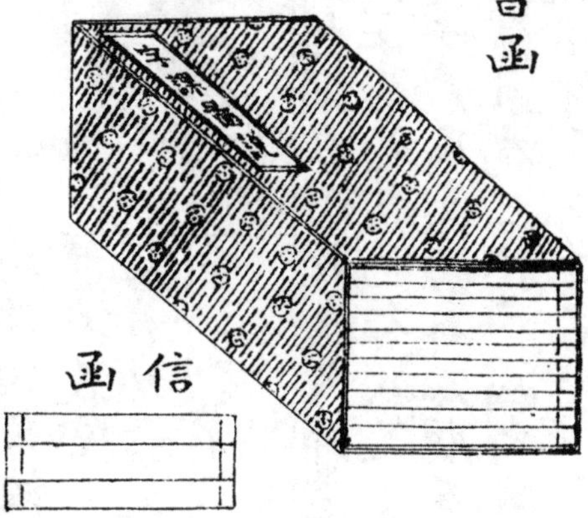

簡 上

古限切音柬。竹簡也。　竹簡　簡畧

單執一札為簡。古時凡字可以一行盡者。皆書于簡。故惟簡最畧。簡畧之簡本此義。

帖 入

他協切音貼。字帖也。又妥帖定也。　碑帖　帖籤

帖書署也。以木曰檢。以帛曰帖。即今之帖籤是也。又唐制。帖試士曰試帖。今俗以摹仿之字曰帖。拓於碑文者曰碑帖。

教

去　平

居效切音較師教又教堂
居肴切音交義同　訓教

教訓也訓人曰教教者師道也五教五常之教也七教父子兄弟夫婦君臣長幼賓客朋友也又儒釋道為三教西國之教有希臘耶穌天主等名

筆

入

壁吉切音必寫字者曰筆
椽筆　筆墨

筆乃蒙恬所造古之筆不論以竹以木但能染墨成字即謂之筆今以毛穎為之西人用石筆鉛筆鐵筆

讀

入

徒谷切音獨誦讀也
大透切音豆義同　句讀

讀誦書也凡經書成文語絕處謂之句語未絕而點分之以便誦詠謂之讀

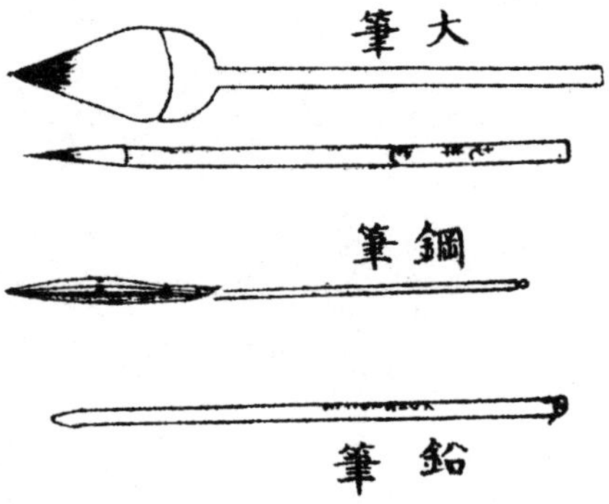

紙

上

掌氏切音只作書者曰紙
或作帋　字紙

紙砥也平滑如砥石也古以縑帛作書故字从糸至蔡倫剉故布擣抄作紙故字亦从巾作帋令以竹為之西人用草為之亦有用麻布者

信紙

武 上
罔甫切音舞禁暴戢兵者曰武 文武 武功
說文武从戈从止謂其能定禍亂也

備 去
平祕切音避預防曰備 防備 備禦
備者先具以待用也古者長兵曰備如西國之有常備兵後備兵預備兵即此意也

戰 去
之膳切音旃去聲 交戰 戰國
說文戰鬬也兩軍相鬬曰戰又戰戰恐懼貌

伐 入
旁越切音罰以兵臨人曰伐 征伐 伐木
凡師有鐘鼓曰伐無鐘鼓曰侵 又伐誇功也自稱其功曰伐 又斫木曰伐考擊鐘鼓曰伐

征 平
諸成切音証平聲天子曰征諸侯曰伐 東征 征誅
上伐下曰征征者正也所以正其罪也 又征稅也上取於下曰征 又征行也詩之子于征是也

討 上
土皓切音叨上聲征討天子之師也 征討 討論
討者治有罪也凡聲其罪而伐之曰討 又求也探也尋究也如論語世叔討論之是

圍 平

于非切音韋、四面環繞曰圍、又範圍周備也、範圍　圍繞

說文、守也、古作囗象四面周帀之形、以兵守城曰圍、環繞攻城亦曰圍、又物之圓者五寸曰圍、一抱亦曰圍 又于貴切音謂、繞也、

攻 平

古紅切音公、破其所守者曰攻、又治也、如攻玉是、攻全　相攻　攻伐

說文、擊也、攻堅曰攻、以兵臨敵曰攻、又自治其心曰攻、摘人過失曰攻、心為物欲所侵曰攻、又作也、如詩云庶民攻之是、

敵 入

亭歷切音狄、兩軍相當曰敵、又曰仇敵、曰敵軍、兩國相拒曰敵國、仇敵　敵國

說文、敵、仇也、又當也、以力禦人曰鬬、以兵禦人曰敵、又敵、匹也、夫婦相匹曰敵體、

守 上

始九切音首、以兵保護曰守禦、操守　守備

說文、守、守官也、从宀、官府也、从寸、所守之法度也、守之義有三、如守國守城、是守之也、如守官守職、是所守也、如守令守備、是為之守也、

禦 去

魚據切音御、以力敵人曰禦、禦當也、又禁止之　強禦　禦　禦敵

說文、禦、祀也、圉、守也、圉、圄、圍也、今文禦為守禦字、圉為圄圉字、圍為牧圉字、相承久矣、而禦祀之義不復見、

侵 平

千尋切、音駸、侵伐也、又朘削也、相侵　侵伐

說文、漸進也、聲罪致討曰伐、潛師掠境曰侵、又淩也、以勢相淩曰侵侮、又五穀不登謂之大侵、又七稔切音寢、貌不揚也、一曰短小曰侵、

勝 去 平

詩證切、音升去聲、敗敵曰勝、
得勝　勝敵

勝者負之對也、凡物之優者為勝、劣者為負、凡師敵皆陳而戰曰勝、未陳而戰曰克、又書烝切、音升、平聲、任也、能當其事曰勝任、

克 入

乞得切、音刻、戰勝曰克、
克己　剛克

克、勝也、勝人曰克、勝己之私亦曰克、

捷 入

疾葉切、音潛入聲、勝也、又士子赴考獲中曰捷足、
獲捷　連捷

說文、軍獲得也、軍得曰捷、報勝曰捷、又權十四銖曰兩、兩有半曰捷、又七接切、音妾、捷捷、口舌聲、

敗 去

薄邁切、音唄、敗者、勝之對也、
潰敗　敗績

說文、毀也、又潰也、凡師敵未陳曰敗、大崩曰敗績、又曰喪師、又敗壞也、爾雅、肉謂之敗、又司敗、官名、

逃 平

徒刀切、音陶、亡走曰逃、避匿亦曰逃、
奔逃　逃亡

說文、亡也、謂有罪逃亡之人也、又避也、謂不當去、而逃避之人也、又通作跳、逸去也、

竄 去

取亂切、音爨、捧頭而逃曰鼠竄、又誅逐也、
逃竄　竄避

說文、逃也、匿也、从鼠在穴中會意、漢書奉頭鼠竄、又清墨曰竄改、誘人為非曰竄擾、

功 平

古紅切、音公、功績也、大功 功勞

說文、以勞定國曰功周禮、國功曰功、王功曰勳、又大功小功喪服名

勳 平

許云切、音熏、古作勛、功勳 勳勞

說文、能成王功也、又呼運切、音薰、去聲、義同、

滅 入

莫列切、音窸亡也、撲滅 滅亡

說文、盡也、凡亡國而毀其宗廟社稷者曰滅、又火熄曰滅、

虜 上

籠五切、音魯、敵囚也、囚擄 虜掠

虜掠也、生得曰虜、斬首曰獲、凡生得敵人者、則以索貫而拘之、故从毋人力、俗作虜非

俘 平

芳無切、音孚、敵囚曰俘、獻俘 俘囚

說文、軍所獲也、

馘 入

古伯切、音蟈國雅、馘、獲也、今以獲賊耳為馘、斬馘 馘弓

說文、軍戰斷首也、或曰敵囚獲而不服、則殺而獻其左耳、故說文作聝、

戍 去

舂遇切、音戍去聲、戍兵也、謫戍 戍邊

說文、守邊也、从人从戈、人荷戈曰戍、戍兵所以防寇盜也、今罪人發往邊疆曰遣戍、

駐 去

株遇切、音注、馬止曰駐、 駐蹕

說文、馬立也、又駐株也、如株木之不動也、故假借為駐劄之駐、本朝有駐防將軍、駐防副都統、又天子行在之所曰駐蹕、

護 去

胡故切、音瓠、保衛曰護、 守護 護衛

護、助也、說文、護、守視也、古有護軍都尉、又置都護、 本朝有護軍校、 又卑官兼理長官之事、曰護理、

巡 平

詳倫切、音旬、巡查也、察也、又逡巡、卻退之貌、 逡巡 巡守

巡、行也、古者天子巡守曰巡功、巡所守之功也、今制以巡撫巡道分任之、皆以巡察其地也、又有巡察巡查一等官、其執役者、有巡捕、滬上有巡捕房、

巡捕

救 去

居又切、音廄、 補救 救護

救、助也、如匡救補救是、救護也、如救危救亡是、

将 去 平

資良切、音漿、進也、且也、送也、

大將　將來

說文、本将帥字、一曰有漸之辭、又甫始之辭、又抑然之辭、如將來將行且將之類是也、子諒切音醬將帥也、帥師曰將、又七羊切音鏘請也、

帥 去 入

所類切、音率、去聲、將帥之帥、朔律切、音率、與率同、帥師之帥、

將帥　帥府

帥者統率之稱也、才足以將物而勝之曰將、智足以帥物而先之曰帥、古者凡師旅之長皆稱帥、今專屬元帥之稱矣、

軍 平

拘云切、音君、說文、軍、兵車也、又師所駐曰軍、

三軍　軍民

軍眾也、五師為軍、古者大國三軍、次國二軍、小國一軍、今駐防之官稱將軍、提督稱軍門、又有海軍陸軍、

兵 平

補明切、音丙、平聲、說文、械也、又戎也、

軍兵　兵戈

兵戎器也、蚩尤以金作兵、兵有五、弓殳矛戈戟是也、凡執兵器以從戎者曰兵、統兵之官曰總兵、

隊 去

杜對切、音憝、軍隊也、

軍隊　隊伍

百人為隊、師行有列謂之隊、統帶一隊之官曰隊長、又落也、與墜同、自高落下曰隊、

伍 上

疑古切、音五、軍伍、行伍也、

行伍　伍理

五人為伍、說文、相參伍也、三相參為參、五相伍為伍、孫子兵法用兵法全軍為上、破軍次之、全伍為上、破伍次之、今俗借作五字用、

旅　上

兩舉切、音呂、軍旅行旅、又卦名。

軍旅　旅舍

旅眾也、說文軍以五百人為旅、又旅客也、旅者客寄之名、失其本居、而寄他方者曰旅、故稱出外者曰旅居、

卒　入

臧沒切、音尊、兵卒兵士之稱也、

兵卒　卒遽

說文隸人給事者曰卒、假借為兵卒之卒、　又終也、人死曰卒、事之已畢者曰卒、
又蒼沒切、音村入聲、倉卒、急遽之貌、

陣　去

直刃切、音兩、軍陳為陳、

軍陣　陣圖

陣列也、軍五成列曰陣、陣者將戰未戰之際也、本作陳、按軍陳為陣、自王羲之小學章始也、

犒　去

口到切、音靠、賞軍也、總犒

犒勞

說文犒从高从牛、古者賞軍以牛也、

諜　入

遠協切、音牒、軍中之探敵情者、

間諜

諜伺也、謂詐為敵國之人、入其軍中、伺候間隙、以反報也、

獲　入

胡麥切、音畫、戰勝曰獲、

獲勝　臧獲

獲得也、凡有所得者曰獲、如獲利獲益是也、　又奴婢曰臧獲、
又胡陌切、音韄、說文獵所獲也、
又胡化切、音話、爭取也、

弓 平

居中切，音宫。弓者所以發矢也。

弓矢　雕弓

弓，穹也，張之穹穹然也。古時少皞氏生般，是始為弓。又量地之器曰步弓，以六尺為一弓，三百弓為一里，一里即三百步也。

弓

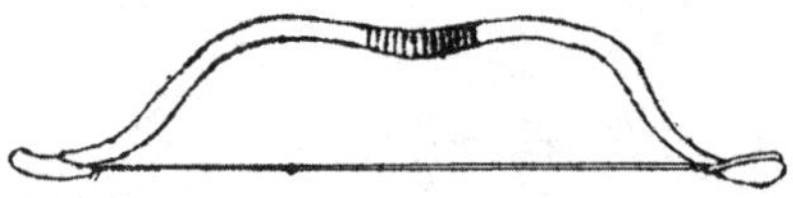

箭 去

子賤切，音餞。矢一名箭。

弓箭　箭羽

說文：矢也。關西謂矢為箭。又竹之小者曰箭，會稽有箭竹，堅勁中矢。又漏刻曰漏箭。又赤箭，藥名。

箭

矢 上

式視切，音尸上聲。矢即箭也。

弓矢　矢人

說文：弓弩矢也。从入，象鏑括羽之形。古者夷牟初作矢。揚子：自關而東謂箭為矢。又嚆矢，響箭也。又投壺之籌曰矢。又屎本作矢，故謂人物之糞為矢。

旆 去

蒲蓋切，音沛。大旗有翅尾者曰旆。

旌旆　旆旆

旆者，以雜采綴其邊為翅尾，象旆旆飛揚之貌。又旆旐者，亦曰旆，以緇帛續旐末，形如燕尾者是也。

去 **彀**

居候切、音遘、張弓曰彀、入彀　彀率

彀弓滿也、孟子羿之教人射、必志於彀、彀者、所以發矢也、又通作彀、詩敦弓既彀、

彀

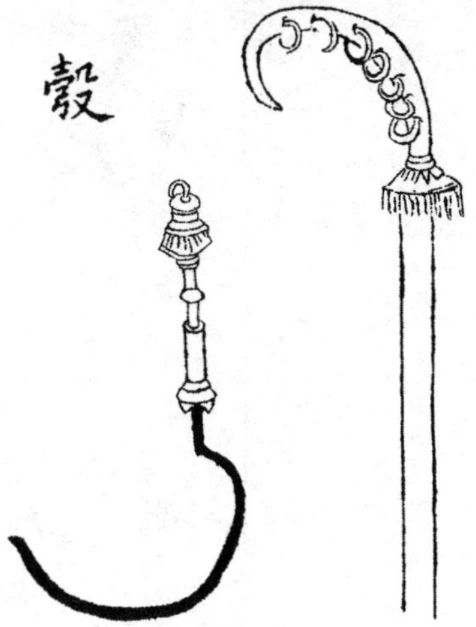

平 **韜**

土刀切、音叨、藏弓箭者曰韜、弓韜　韜畧

韜弓劍之衣也、以韋為之、又韜略也、姜太公有六韜、為兵家之祖、故今稱武功為韜略、又叨号切、音套、臂衣也、或作韜、

韜

上 **弩**

暖五切、音怒、上聲、說文弓之有臂者、弩箭　連弩

弩怒也、有勢怒也、黃帝作弩、其柄曰臂、鉤弦曰牙、牙外曰郭、下曰懸刀、合名之曰機、言如機之巧也、

弩

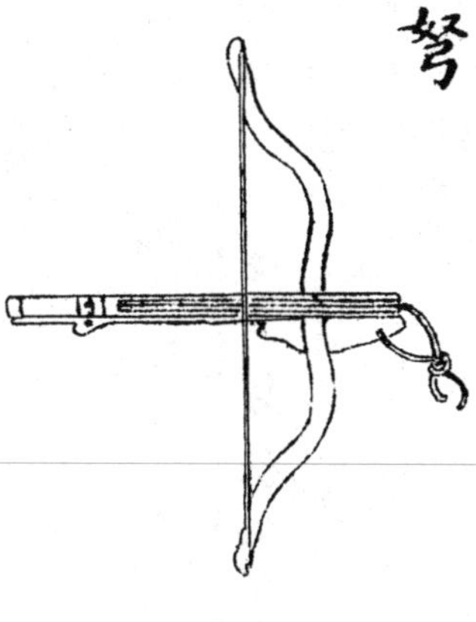

戈 平

古禾切音鍋、說文平頭戟也、一曰半戟也、

干戈 戈矛

戟偏距為戈形如半戟然

戈

戟 入

訖逆切音棘、有枝兵也、

矛戟 戟指

戟格也、旁有枝格也、雙枝為戟半枝為戈、

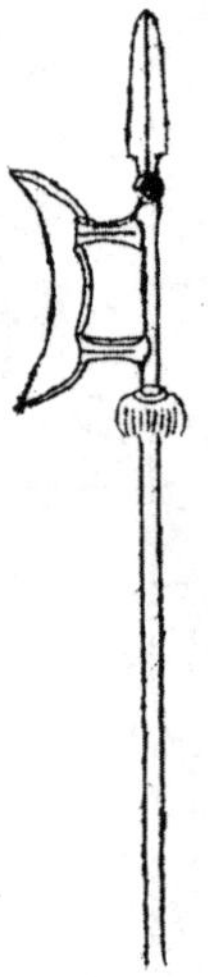

戟

矛 平

迷浮切音謀、鉤兵也、

戈矛 矛戟

矛、如鋋而三廉也、建於兵車、長二丈曰酋矛、三尋曰夷矛、三隅曰厹矛、又言不相副曰矛盾、

矛

刀 平

都高切音到平聲、説文兵也、象刀背與刃也、

寶刀　刀劍

刀到也、以斬伐到其所也、黄帝採首山之銅、始鑄為刀、今以鐵與鋼為之、古錢有如刀者、名曰錢刀、小船如刀、故亦名刀、

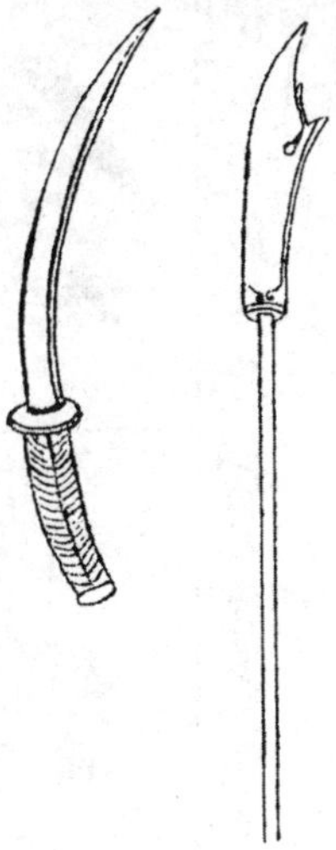

刀

斧 上

匪父切音甫、所以斫物者曰斧、以斧斫物亦曰斧、

刀斧　斧斤

斧所斫也、用以斫木制器也、神農作斤斧、孟子斧斤以時入山林、古有為軍器之用者、如詩云既破我斧是也、或作鈇、

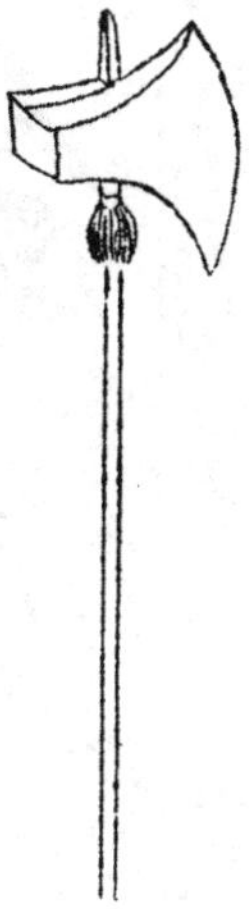

斧

鉞 入

王伐切音越、大斧也、鉞大而斧小、

黄鉞　鉞斧

鉞豁也、所向豁然破散也、大柯斧重八斤、一名天鉞、鉞斧形圓如月、今儀杖中用之、

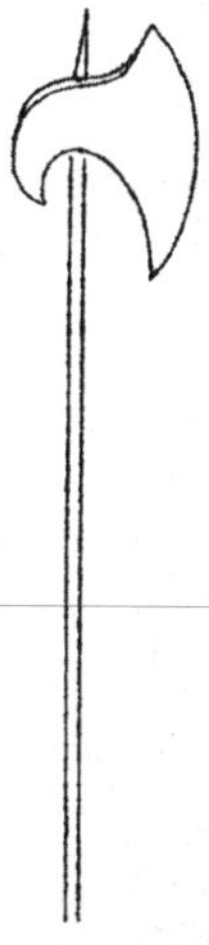

鉞

劍 去

居欠切音儉去聲、說文、人所帶兵也、故曰佩劍、

刀劍　劍匣

劍、檢也、所以防檢非常也、蚩尤作劍、又操劍殺人亦曰劍、

劍

鎗 平

千羊切音鏘、舊制有抬槍、今有前膛槍、後膛槍、總名洋鎗、

長鎗　鎗刀

古以木兩頭銳者曰槍、故从木、今以火器之小於礮者曰鎗、皆从金、按說文、鎗、鐘聲也、

鎗

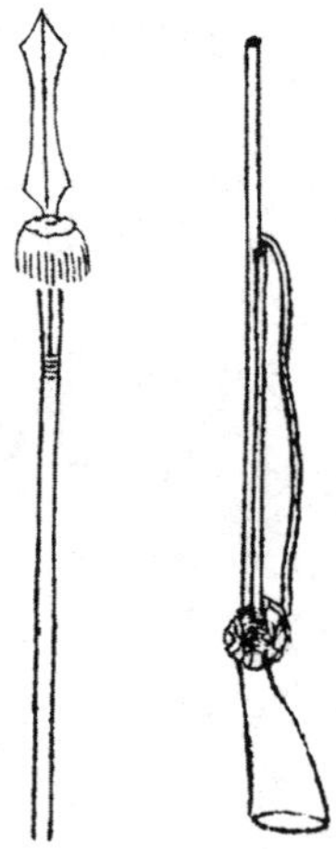

刃 去

而振切音忍去聲、刀之鋒曰刃、

白刃　刃利

說文、刀堅也、刀加距為忍、今之刀鋒、皆別鑄鋼鐵合之、故从一、俗作及非、

鋒 平

敷容切音丰、芒刃也、

前鋒　鋒鋩

鋒、兵耑也、刀劍之末皆曰鋒、刀刃曰刀鋒、箭鏃曰箭鋒、又行軍前列曰前鋒、

去
胄

直又切、音宙、說文、兜鍪也、古曰胄、今曰盔、

甲胄　胄子

所以護身者曰甲、所以護首者曰胄、皆所以防矢石也、甲胄之胄、下从冃音冒、裔胄之胄、下从肉、自有分別、經典多誤、傳寫僞也、

胄

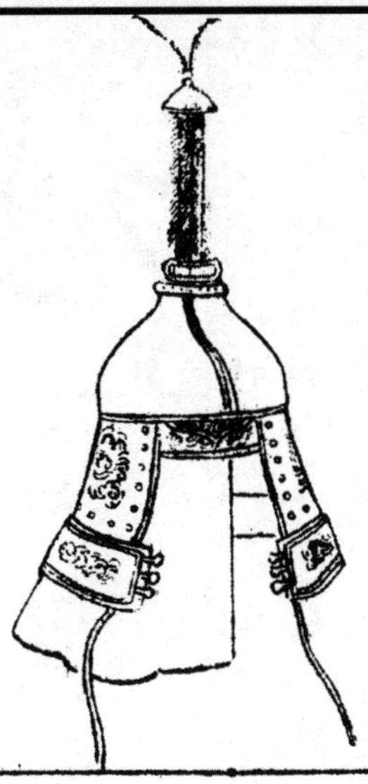

去
砲

披教切、音抛去聲、用以擊敵攻堅者曰磤、俗作砲、

砲艦　快砲

磤、機石也、古以機發石、爲攻城之具、元太祖時、始有火磤、今以德國克虜伯厰所造之磤、爲最精、

炮

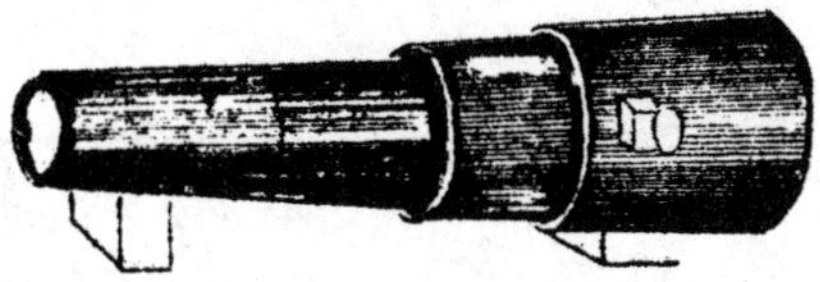

去
彈
平

杜晏切、音憚、砲彈也、又唐蘭切、音檀、擊也、

藥彈　彈弓

彈、行丸也、古時造彈、發之以弓、今以藥彈合裝於磤、有用以鑽堅者曰尖頭彈、用以錘擊者曰平頭彈、又有實以藥、使炸裂者、曰開花彈、

上
壘

力軌切、音儡、軍營之壁曰壘、

營壘　壘石

說文、軍壘也、疊石爲之、或聚土爲之、又魁壘、重也、一曰壯貌、又列戌切、音律、鬱壘、神名、

旌 平

咨盈切、音精、周禮、析羽為旌、

干旌　旌表

說文、析羽注旄首、所以進士卒也、又旌者、所以表識其人、故曰旌表、今之建坊給額者、皆是也、

旌

旂 平

渠希切、音祈、有鈴曰旂、又交龍為旂、

龍旂　旂鈴

說文、旂有衆鈴以令衆也、今俗旗旂多通用、按說文、旗从㫃从其聲、訓熊旗五游、旂从㫃斤聲、訓旂有衆鈴、分旗旂為二、未可合一也、

纛

纛 入

杜谷切、音獨、

大纛、

軍中大旗曰纛

旂

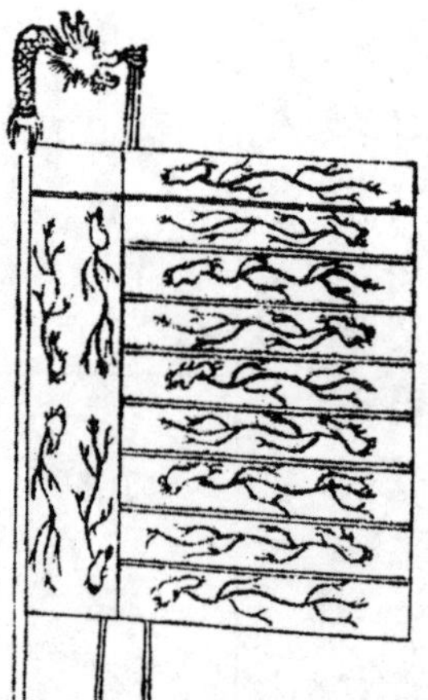

飲 上 去

於錦切音陰上聲咽水也自飲曰飲又去聲飲人曰飲 渴飲 飲食

飲奄也以口奄而引咽之也如水漿酒醴之類是
又於禁切音蔭以飲飲之也

食 入

實職切音蝕飯食也自食曰食又以食食之讀去聲 飲食

食殖也所以自生食也如飯食之類是
又相吏切音寺以食與人也

饔 平

於容切音邕孰食也又朝食也 朝饔 饔飧

饔和也孰食須調和故謂之饔
又朝食曰饔夕食曰飧又牲殺曰饔生曰餼

飧 平

蘇昆切音孫水和飯也又夕食曰飧 夕飧

飧散也投水于中自解散也又夕食曰飧故字从夕俗作飱非
又孰食也

餔 平

奔模切音逋食也又通作哺曰餔 餔食

餔日加申時食也旦至食食至日昳日昳至餔餔至下晡下晡至日夕是為一日
又博故切音布以食食之謂之餔

餐 平

千安切音粲平聲進食也 素餐 餐飯

晝飯曰餐晚飯曰飧
又以水治飯亦曰餐

粥 入

之六切音祝煮
米為糜曰粥
饘粥　粥飯

粥糜也黃帝始烹穀為粥周謂
之饘宋衛謂之餰

飯 去

父遠切音笲煮
米為飯
粥飯　飯牛

飯餐飯也食粟曰飯如禮云一
飯再飯是
又符諫切音煩去聲食也食粟
曰飯黃帝始炊穀為飯

餅 上

必郢切音丙麪
食也溲粉為之
麪餅　餅食

餅說文麪餈也餅者并也和麪
使合并也方言餅謂之飥或謂
之餦或謂之餛

餈 平

餅之屬曰餈才
資切音茨烝飯
餅餈　餈粉

餈漬也烝燥屑使相潤漬而餅
之也故訓餈為稻餅或曰炊米
爛乃擣之不為粉也

麪 入

莫見切音眄磨
麥為麪
俗作麵非
麥麪　麪食

麪說文麥末也以麥磨成細末
曰麪重羅之麪塵飛雪白言麪
之細而白也

餻 平

姑勞切音高餅
餌之屬也或作
糕　粉糕　餻
餌

糕以米麥之粉為之如周禮糗
餌粉餈之類是也方言餌謂之
糕

糰　平
徒官切、音團、米粉為之、粉糰　糰子
糰、粉餌也、武林舊事、元夕前食所尚宜利、少澄沙糰子、

餌　上
忍止切、音耳、糕餅之屬、餌粉　鉤餌
餌、粉食也、屑米麪為粉、然後溲之、使成糕餅之屬、又以利誘人曰餌、

餑　入
薄沒切、音勃、餌食也、餑餑
餑、乾餌也、凡糕餅粉餌之屬、皆謂之餑餑、

饅　平
謨官切、音瞞、饅頭、亦名包子、饅頭
饅、麪食也、屑麪發酵、或有餡或無餡、烝食者、謂之饅頭、事物紀原、諸葛亮渡瀘水、以麪畫人頭祭神、饅頭名始此、

餛　平
胡昆切、音魂、餛飩、亦作䏰肫、餛飩
餛飩、即餃餌別名、今俗屑米麪為末、空中裹餡、形式大小不一、籠蒸啖之、

飩　平
徒渾切、音屯、註詳餛字、
飩、或作肫、又作粍、　又屯閏切、音迍去聲、味厚也、

餃 上

居效切、音教、餃餌、俗呼餃兒、

麪餃　餃餌

餃餌、屑米麪和飴為之、乾濕大小不一、水餃餌、即段成式食品湯中牢丸、或謂之粉角、北人讀角如矯、因呼餃餌、訛為餃兒、

肴 平

何交切、音爻、凡非穀而食曰爻、或作餚、

肴饌

肴啖也、謂已修庖之可食也、

膳 去

上演切、音善、具食曰饍、又牲肉亦曰膳、

饈膳　膳夫

膳、具食也、庖人和味、必加善、故字从善、周禮膳夫掌王之飲食膳羞、註、膳、牲肉也、

饈 平

思留切、音修、膳也、

珍饈　修饍

饈、進獻也、一曰致滋味、曰羞、本作羞、或从食作饈、

饌 去

雛睆切、音撰、具食曰饌、

修饌

饌、具食也、具其所食之饌、如牲肉之類是也、

脩 平

思留切、音羞、肉條割而乾之曰脩、

修脯　束修

脩、脯也、薄析曰脯、捶之而施薑椒曰脩、脩者、已治之肉也、故假借為修治之修、

上 **脯**

斐古切，音甫。乾肉曰脯。修脯　脯肉

脯，搏也，使乾燥相搏著也。今俗將鮮肉腌之，風之，使乾燥而堅硬者是也。

上 **胾**

資四切，音剚。肉塊也。胾切

胾，大臠也。塊切肉曰胾。

去 **臠**

力轉切，音戀。塊切肉也。禁臠　臠肉

臠，臞也。一曰切肉臠也。肉之成塊者曰臠。又臠臠，脊貌。

去 **餉**

式亮切，音向。饋也。糧餉　餉銀

餉，自家以食相饋至野也。今軍中糧亦曰餉。

平 **糊**　餬

户呉切，音胡。寄食也。糊口　米糊

江淮呉楚間謂寄食為糊，因稱以糜向口曰糊口。

上 **腐**

扶古切，音輔。豆腐也。豆腐　腐史

腐，潰爛也。凡物之朽壞者皆曰腐，如腐草腐木之類是也。今俗蒸豆漿為腐，名曰豆腐。

去 膾

古外切，音儈。肉細切曰膾。

膾炙

膾、會也。細切肉令散，分其赤白異切之，已乃會合和之也。

上 醢

許亥切，音海。肉成醬曰醢。

醢醢

醢、肉醬也。凡作醢者，必先膊乾其肉，而後莝之，雜以粱麴及鹽，漬以美酒，塗置瓶中，百日乃成。又醬無骨曰醢。

平 羹

居行切，又音更。湯也。爾雅，肉謂之羹，俗作羮，非。

調羹　羹湯

羹、肉臛也。凡肉之所作臛曰羹，又五味調和亦曰羹。又盧當切，音郎，不羹，地名，見左傳。

上 豉

時吏切，音提。豆豉也。

監豉

豆豉

豉、配鹽幽尗也。尗、豆也。幽謂造之幽暗也。凡五味調和，須豆而成，乃可甘嗜，故謂之豉。

上 鹵

籠五切，音魯。鹽鹵，煮鹽之水也。

監鹵　鹵汁

鹵、鹽澤也。天生曰鹵，人造曰鹽。說文，鹵，西方鹹地也。東方謂之㡿，西方謂之鹵。又鹵莽，輕脫苟且也。

平 漿

資良切，音將。汁漿也。

酒漿

漿水

漿、水米汁相將也。凡物有膠粘之汁者，皆曰漿。又酒漿也。周禮，酒正辨四飲之物，三曰漿。又蚌曰含漿。

齏 平

牋西切、音齏、細切如粉曰齏、

選齏　齏粉

齏、膾胙也、凡醯漿所和、細切為齏、一曰檮薑蒜之類為之、又醃菜為齏、

糟 平

則刀切、音遭、酒滓曰糟、

酒糟　糟粕

糟、酒之渣滓也、糯秫黍麥皆可釀酒、酒之餘滓化成糟粕、名曰香糟、

麴 入

邱六切、音鞠、酒母也、俗作麯、非、

麥麴　麴糵

麴从米麥包罨而成、故字从米麥从包、省文會意也、酒非麴不成、故名酒母、

酒 上

子酉切、楸上聲、米麴所造者、

汾酒　酒量

酒、酉也、釀之米麴、酉澤久而未美也、酒用糯米、以清水白麪麴所造為正、又凡草木果實之含糖汁者、皆可釀酒、如西國之皮酒葡萄酒之類、

醬 去

即亮切、音將、醬油製豆麪為之、

肉醬　醬菜

醬、肉醬也、又豉醬也、又菜茹亦謂之醬、凡麥麪米豆皆可罨黃加鹽晒之成醬、即今之醬油是也、

醋 去

倉故切、音措、醬酸也、其味酸、

醬醋

醋、古作酢、今以酢為酬酢字、反以醋為醬醋字、相承之誤也、按醋音昨、說文、客酌主人也、造醋之法、或用酒令發酸、或用糖水、以烙紅之鐵浸之、

醴 上

良以切，音禮，甜酒曰醴　醴泉　酒醴

醴，酒之甘濁而不泲者，米少麴多，一宿而熟，滓汁相將，如今之甜酒是也。

菹 上

側魚切，音齟，酢菜也　齊菹

菹，阻也，生釀之，遂使阻於寒溫之間，不得爛也，凡細切曰齏，全物曰菹，
又草名，芹茆之屬

釀 去

魚向切，音穰，作酒也，又家釀酒也　醞釀　釀酒

釀，醞也，作酒曰釀，食貨志，一釀用麤米二斛，麴一斛，得成酒六斛六斗，後人因呼酒為釀，

油 平

于求切，音由，膏也，又物有光也　青油　油漆

油出於動植諸物，有難散易散二種，其難散者，與鹻類化合，可以造胰，其易散者，以之染紙，見熱即乾燥而無痕。

酪 入

歷各切，音洛，乳汁所作也，　乳酪　酪醬

酪，乳漿也，馬牛羊乳並可作酪，酪有乾濕二種，乾者曝之成塊，濕者熬煉而成，作酪時，上一層凝者為酥，酥上如油者為醍醐，熬之即出，不可多得，

酥 平

孫祖切，音穌，酪之凝結如油者為酥　油酥　酥糖

酥，乃酪之浮皮也，造法以乳入金，煎二三沸，傾入盆內，冷定待面結皮，取皮再煎，油出去滓，入鍋內即成酥油，

飴 平

延知切，音移。餹之清者曰飴。 飴糖

飴，濕餹如厚蜜者，其凝結而牽白者，即餳也。

餳 平

徒郎切，音唐。膠飴乾枯者曰餳。 餳糖

餳，飴也。餹之清者曰飴，飴之稠者曰餳。飴餳用麥蘖或穀芽同諸米熬煎而成者也。

餹 平

徒郎切，音唐。味甘者曰餹，亦作糖。 冰糖 糖食

餹，餳也。方言：餳謂之餹。中國用甘蔗製餹，西人則以蘿蔔製餹，其色較白。

汁 入

質入切，音執。液也。 雞汁 汁液

汁，物之津液也。北人呼之為瀋。又檄頰切，音協，與協通，和也。方言：自關而東曰協，關西曰汁。

酌 入

職略切，音灼。飲酒也。 斟酌 酌酒

酌，盛酒行觴也。飲酒曰酌酒。又禮記：酒曰清酌。又取善而行曰斟酌，亦曰參酌。

酣 平

胡甘切，音邯。樂酒曰酣。 酒酣 酣醒

酣，樂酒也。飲酒未已曰酣。

醒 上 平

先青切音星、酲而覺也、又息井切星上聲義同睡醒 醒覺

醒、醉解也、又夢覺亦曰醒、

飢 平

居夷切音肌、不足食曰飢、 療飢 飢渴

飢、不足于食之謂也、

餓 去

五箇切音我去聲飢也、 飢餓 餓夫

胃受食物隨食隨消消盡則餓

飽 上

博巧切音飽腹果也、 飢飽 飽食

飽、饜也胃受食物約容三升食饜足也、滿其數則飽、

饜 去

于豔切音厭飽也無饜 饜飫

餒 上

如罪切音鯘飢也、 魚餒

餒、肌乏而氣不充體也、又魚爛曰餒、

爨
去　平

取亂切、音竄、析薪以炊曰爨、又竈也、

炊爨　爨釜

爨、即今之竈也、於其竈煮物曰炊爨也、方言、爨、齊謂之炊、爨、饔爨所以煮肉、廩爨所以炊米、

炊
平

樞爲切、音炊、

早炊　炊火

燒
平

尸招切、音繇、爇火曰燒、

火燒　燒酒

燒、爇也、析薪以爇火曰燒、又燔也、如詩云載燔載烈、註傳火曰燔是、又野火曰燒、

烝
平

諸仍切、音蒸、以火氣熱物也、今俗用蒸籠是、通作蒸、

汽蒸　蒸籠

烝、火氣上行也、炊之於甑爨而烝之、如詩云、烝之浮浮是也、又烝、淫也、下淫上曰烝、又烝民、衆多也、烝烝、物興之貌、

烘
平

呼洪切、音訌、火乾曰烘、

烘、以火乾物也、物生以火熏之曰炙、物濕以火焙之曰烘、

焙
去

步昧切、音佩、火烘曰焙、本作熌、亦作烸、

烘焙　焙籠

焙、烘也、火煏而燥之曰焙、

熟 入

殊六切音淑物火經力也、生熟　熟食

熟食飪也物之烹飪而可食者曰熟　又豐年曰熟歲又常也如熟悉熟聞熟識之類是

爛 去

郎旰切瀾去聲熟極曰爛　糜爛　爛熟

爛火熟也方言自河而北趙魏之間火熟曰爛

焦 平

茲消切音蕉火燒黑曰焦　三焦　焦黑

焦古之臭味也禮月令其味苦其臭焦又燒黑色曰焦又三焦人身氣血之所終始也上焦在心胃之間中焦在胃中脘下焦在臍下

烹 平

披庚切音磅煮物曰烹　烹調

烹煮也又調和食物曰烹如周禮亨人職外內饔之爨亨煮辨膳羞之物是也按古無烹字經傳皆作亨今俗用作烹

煮 上

掌與切音渚烹物曰煮　烹煮　煮飯

煮烹也以火煮物曰烹又爾雅是刈是穫濩煮之也

煎 平

將先切音湔火乾曰湔　油煎　煎熬

煎火汁也凡有汁而乾之曰煎今俗以油熬物曰煎

炙 入

之石切、音隻、以火熏物也、之夜切、音蔗、義同、

針炙　炙灰

炙、炮肉也、从肉在火上、食物之經火熏者、皆謂之炙、

熏 平

許云切、音薰、以火灼物也、本作熏、通作薰燻、

烟熏　熏肉

熏、火煙上出也、从屮黑、熏、炙也、又火氣盛貌、今俗以物近火而灼之曰熏、又東南風曰熏風、

熬 平

牛刀切、音敖、煎熬也、

熬煎　熬膏

熬、乾煎也、方言、凡以火而乾五穀之類、自山而東、齊楚以往、謂之熬、

旨 上

軫視切、音指、甘美之味也、

甘旨　旨酒

旨、甘美也、味甘曰旨、味美亦曰旨、又天子諭告臣民曰詔旨、下承上曰奉旨、

香 平

盧良切、音鄉、芳香也、又香燭、

芳香　香蘭

香、芬芳之氣也、禮月令、中央土、其臭香、又草木之香、如沈香檀香之類是、

臭 去

尺救切、柚去聲、香臭也、

香臭　臭氣

臭、氣之總名也、通於鼻者謂之臭、又香也、易、其臭如蘭、又惡氣也、大學、如惡惡臭、

味 去

無沸切，音未，飲食之味也。

滋味　味道

味，滋味也。五味，金辛木酸水鹹火苦土甘是也。又藥名，五味子。

甜 平

徒兼切，音恬，甘味曰甜。

酸甜　甜食

甜，甘也。从舌从甘，舌知甘味也。凡物之含甘味者皆曰甜。又黑甜，謂睡卧也。

鹹 平

胡嵒切，音咸，鹽味曰鹹。

酸鹹　鹹梅

鹹，北方之味也。北方屬水，水性鹹，故煮海水以成鹽，而五味乃備。

苦 上

孔五切，音筈，火味曰苦。

酸苦　苦菜

苦，火味也。書云：炎上作苦。又勞苦也。如孟子：必先苦其心志是。又苦菜，生田及山澤，下得霜則甜脆而美。

辢 入

盧達切，音剌，辛甚曰辢。俗作辣，非。

苦辢　辢茄

辢，辛味之甚者。薑桂之性，老而愈辢。

腥 平

桑經切，音星，臭味也。又織氣曰腥。

魚腥　腥氣

腥，臭也。禮月令：仲秋之月，其臭腥。又肉未熟曰腥。

環地福分類字課圖說

肆

身 平

升人切音申總括百骸曰身　脩身　身體

說文躬也象人之身又伸也言可屈伸也又重也重爲懷孕也又我也身自謂也

躬 平

居雄切音弓躬猶身也　藐躬　躬親

說文躳或从弓身也从身从呂呂古脊字象人脊骨之形躬俗躳字今經典通用

骸 平

雄皆切音諧說文脛骨也　百骸　骸骨

骸骨也六骸首身手足也莊子百骸九竅六藏賅而存焉又柯開切音該與胲同足大指毛也

骨 入

古忽切音汨骨者身之幹也　筋骨　骨頭

說文肉之覈也又滑也骨堅而滑也人身之骨格分六類一頭骨二顏面骨三脊骨四肋骨胸骨及舌骨五上肢骨六下肢骨共二百枚又左右耳小骨六枚

身骨

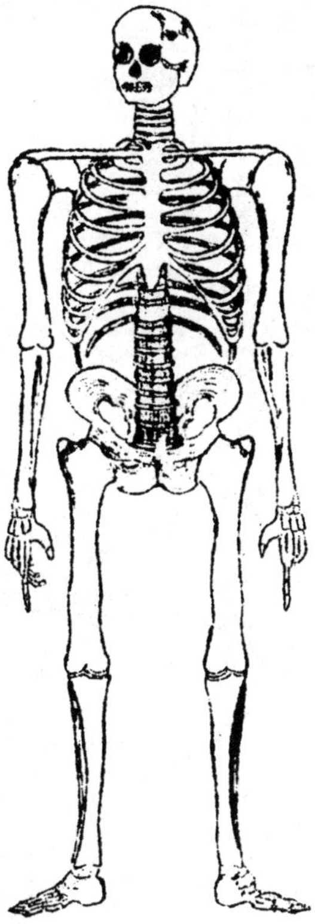

筋 平

居銀切音斤維繫骨肉者曰筋

腦筋　筋脈

說文肉之力也从肉从力从竹竹物之多筋者存於周身之橫紋大約四百八枚皆附着於骨而主宰其運動也

脈 入

莫白切音麥血理也俗作脉

血脈　脈絡

脈幕也幕絡一體也全體之脈管常爲神經之所主宰而有關係於脈管之神經有二一爲使收縮脈管一爲使開大脈管脈管之張縮於外皮可見之

液 入

夷益切音繹說文盡也盡氣液也

精液

液汁也滋養百體之精液曰液液體者血精也

脈絡血液

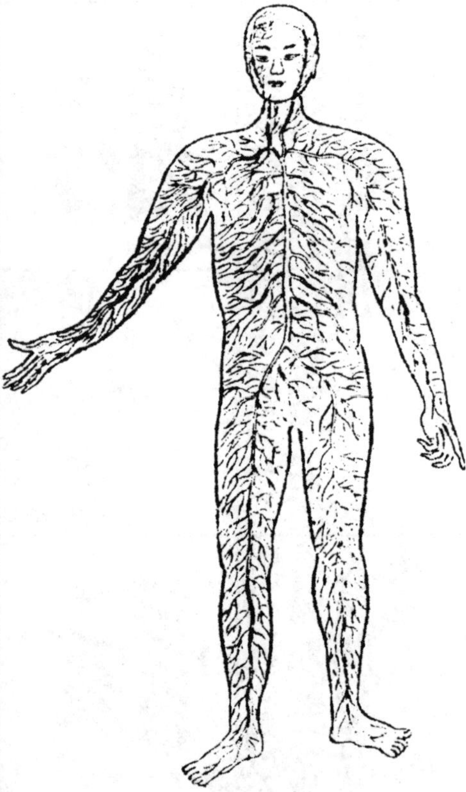

眼　上

五限切、音顔上聲、主視之官也、

晼眼　眼目

說文、目也、眼、限也、瞳子限限而出也、眼為視覺器、一對之外視器自一對之視神經及所連絡之大腦所成者也、外視器者、兩眼窩内兩眼珠、及附屬各類、

眉　平

武悲切、音麋、目之上、額之下、為眉、

蛾眉　眉毛、

說文、目上毛也、眉、媚也、有嫵媚也、又老者白眉、故稱眉壽、按說文本作𥃩、从尸、象眉之形、从仌、象額理也、从目、眉所以蔽目也、

睛　平

咨盈切、音精、陽氣上走於目、而為睛、

眼睛　睛珠

睛者、通明之珠、即眼珠也、形如球、其周壁皆網膜、於内部之空處、含透明之光線屈折體、周壁諸膜、於眼珠前方、其質透明、以通光線、

眸　平

莫浮切、音謀、瞳子之異名也、

雙眸　眸子

眸即瞳也、睛球前明衣後、有一圓孔、人視物時、光線透入其間、聚成虛象、形若小童、故謂之瞳子、瞳子之大小、關乎眼簾之舒縮、光小則舒、光大則縮、瞳與簾實互相為用也、

睫　入

即涉切、音接、同睞、目之上下瞼、為睫、

交睫　睫毛

說文、目旁毛也、睫、插接也、插於眼眶而相接也、凡動物走之類、上睫接下、飛之類、下睫接上、類使之然也、

瞳　平

徒東切、音童、目珠子也、

重瞳　瞳神

瞳、重也、膚幕相裹重也、骨之精為瞳子、又直視無心之貌、

目 入

莫六切，音牧，眼之別名
耳目　目前

說文人眼象形，重瞳子也，故篆文作四，目視也，凡注視者曰目之，側目，斜視也，動目，不言而喻也，又條目，節目，凡目者，言舉其大略也。

眼　目

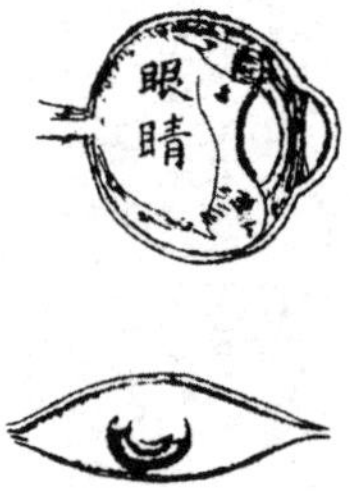

口 上

苦厚切，音寇，口為消化器，
利口　口卑

說文人所以言食也，象形作口，口者為消化器之起始部，其上部為口蓋，有前後二部之別，前部骨質所成為硬口蓋，後部內含肌肉為軟口蓋。

牙 平

牛加切，音芽，下者為釆，
齒牙　牙將

說文牡齒也，象上下相錯之形，牙坿着於口之下顎，其數亦左右各八枚。

舌 入

食烈切，音然，入聲，舌為味覺器，
舌頭　口舌

說文舌在口，所以別味者也，舌以卷舒為用，口以開闔為用，各具陰陽之理也，又為言語之具，聲音所自出也，其體成於乳頭，味神經及大腦神經細胞。

舌

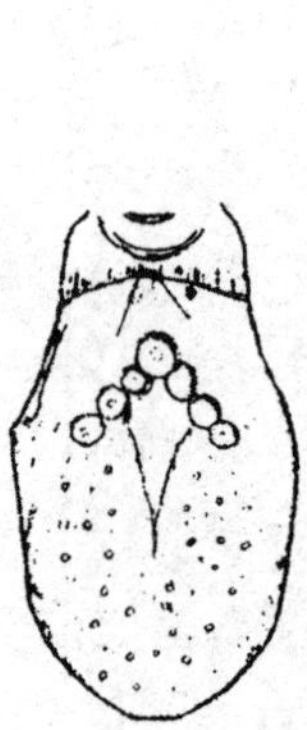

鼻 入

毗意切，音紕，所以通氣者曰鼻。口鼻　鼻頭

說文，鼻引氣自畀也。自鼻為嗅覺器，鼻腔者，依鼻中隔，分左右二孔，上通於咽頭，內多脈管，含無數之粘液線，其形狹隘，閉塞時，有害嗅覺之事。

鼻

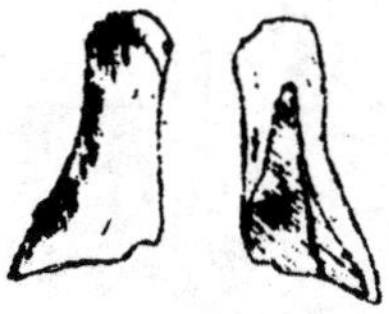

喉 平

胡鉤切，音侯，所以通聲氣者曰喉。咽喉　喉嚨

說文，咽也。喉頭者，成於各軟骨，接續氣管之上端，氣道之關門也。各軟骨者，依於韌帶而為連繫，主宰呼吸之運動，喉頭之上部，與舌骨結合，頸間作隆起狀。

脣 平

殊倫切，音漘，所以蔽齒者曰脣。脣舌　嘴脣

說文，口耑也，脣緣也，口之緣也，又齒之垣也，或作脤，俗作唇非。

齒 上

昌止切，音祉，上者為齒，又年齒也。齒序也。序齒　齒牙

說文，口齗骨也。人生齒而體備，男八月生齒，八歲而齔；女七月生齒，七歲而齔。齔謂齒毀也。齒附着於口之上顎，左右各八枚，門齒二枚，犬齒一枚，臼齒五枚。

齒　牙

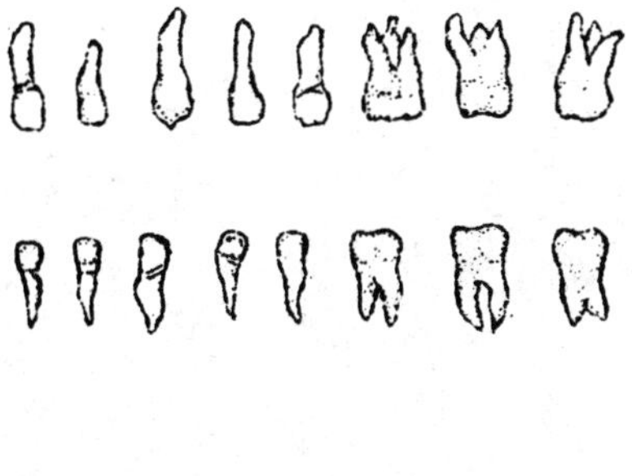

脊 入

資悉切，音積。背心之骨爲脊。脊者，手足之所不及也。

骨脊　脊梁

說文：背呂也。脊，積也，積續骨節脈絡上下也。脊骨二十四枚，中分頸椎骨、胸椎骨、腰椎骨，各椎骨有椎孔，在孔前者爲椎骨體，與腰椎骨接者爲薦骨、尾骶骨。

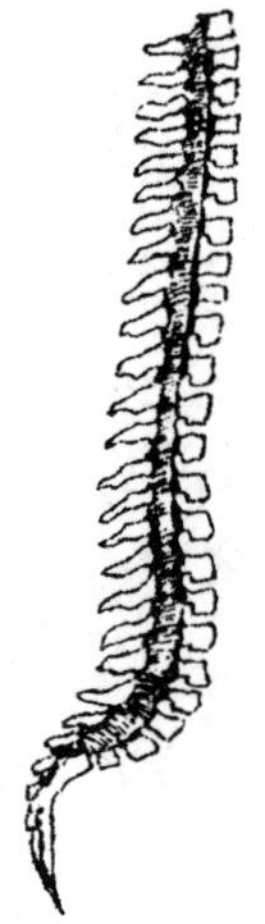

脊骨

背 去

邦昧切，音輩。胸腹之後爲背。又堂北曰背。

反背　背心

說文：脊也。身北曰背，身之陰也。背，倍也，在後之稱。脊骨第八至十九節謂之背。又步昧切，音旆，違也，棄也，反面爲背。

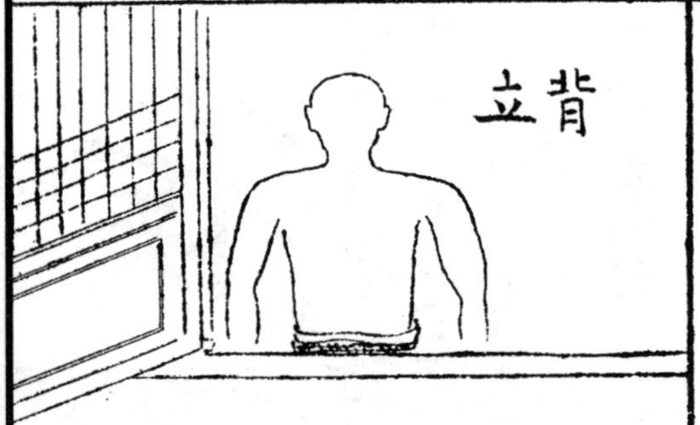

背立

臟 去

才浪切，音藏。五臟也。亦作倉。五倉即五藏也。

五臟　臟腑

臟者，藏也。精藏於腎，神藏於心，魂藏於肺，魄藏於肝，志藏於脾。心、肝、脾、肺、腎，是爲五臟。或作藏，漢志作臧。按：臧、藏、臟一字，後人加艸，又加肉。

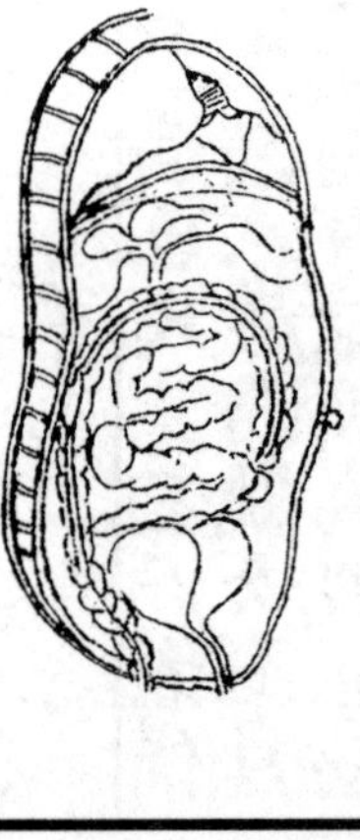

臟

手 上

事九切、音手、及掌、謂之手、又以手執器、亦曰手、
隻手　手足

手、須也、事業所須也、手分腕骨八枚、掌骨五枚、指骨十四枚、腕骨與掌骨接、掌骨與指骨接、指骨惟大指二枚、餘皆三枚、

掌 上

止兩切、音章上聲、手心曰掌、
手掌　掌上

說文、手中也、腕之下、指之上、謂之掌、又職掌、執事也、鞅掌、失容也、古作爪、覆手為爪、反爪為爪、後為作仉、孟子母仉氏、今作掌、

肘 上

止酉切、音帚、所以彎臂者曰肘、
掣肘　肘後

說文、臂節也、从肉、从寸、寸、手之寸口也、在手腕動脈處、肘、注也、言可隱注也、

手骨

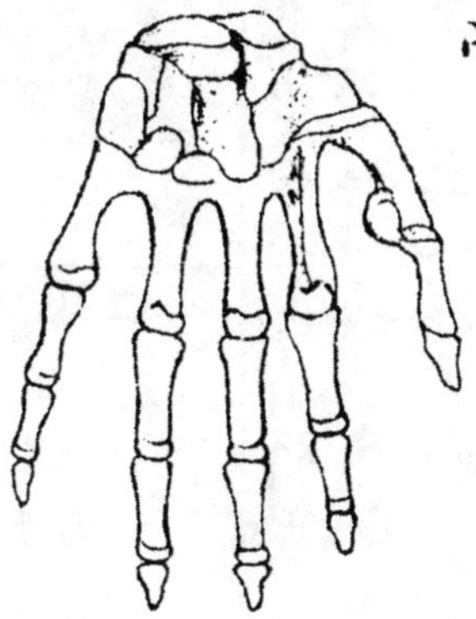

臂 去

卑義切、音嬖、肩下腕上曰臂、
手臂　臂膊

說文、手上也、自肩至肘曰臑、自肘至腕曰臂、或曰自肩至腕、皆為臂、其骨分上下兩截、上截一骨、上膊骨也、下截二骨、橈骨、尺骨也、

指 上

軫視切、音旨、掌枝曰指、
手指　指示

說文、手指也、易艮為指、取其執止物也、五指、一巨指、二食指、三將指、四無名指、五小指、又指示也、以指示之謂之指、

胸 平

虛容切、音匈、脊之前、脅之上、為胸、 心胸 胸口

說文膺也、本作匈、亦作胸、胸廓者乃數骨合成、占軀幹之上半部、而藏心肺大脈管食道、其底下有筋肉所成之橫隔膜、為胸腔及腹腔之界也、

胷骨

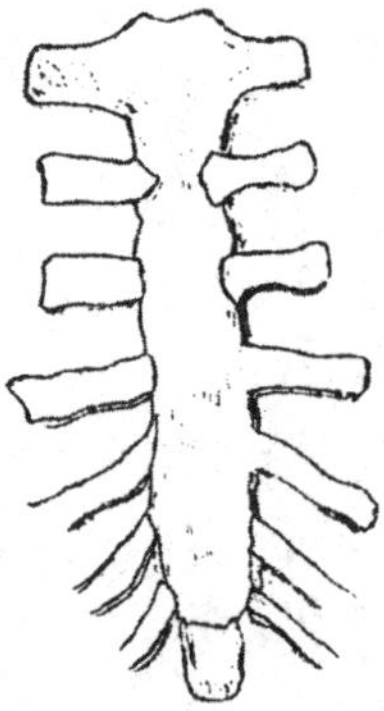

脅 入

迄業切、音熁、腋下為脅、亦作脇、 兩脅 脅肩

說文兩旁也、身左右兩膀為脅、脅骨亦名肋骨、在胸部之各側、有十二枚、自胸椎骨支出、其前面、則以軟骨為媒介、而附着於胸骨、其下二對無連續之者、

脅骨

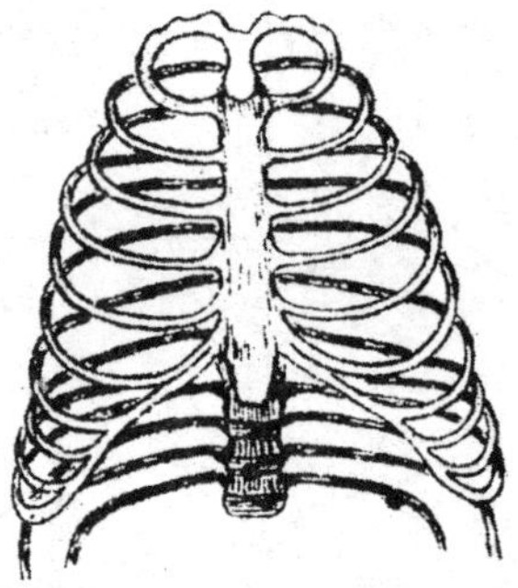

膺 平

於陵切、音應、胷之別名、又馬帶曰膺、 服膺 搏膺

說文胷也、膺壅也、氣所壅塞也、又當也、受也、又於證切、音英、去聲、義同、服膺、弗失也、

臍 平

前西切、音齊、說文肶臍也、 肚臍 臍帶

臍、子初生所繫也、斷之為臍帶、以其當心腎之中、前直神闕、後直命門、故謂之臍也、

腸 平

直良切，音長。腸為傳送之官。大腸 腸胃

腸，暢也，言通暢胃氣也。大腸、小腸，心肺之府也。小腸自幽門至闌門，當臍左迴疊十六曲；大腸自闌門至肛門，當臍右迴疊十六曲，皆所以通渣滓也。

腸

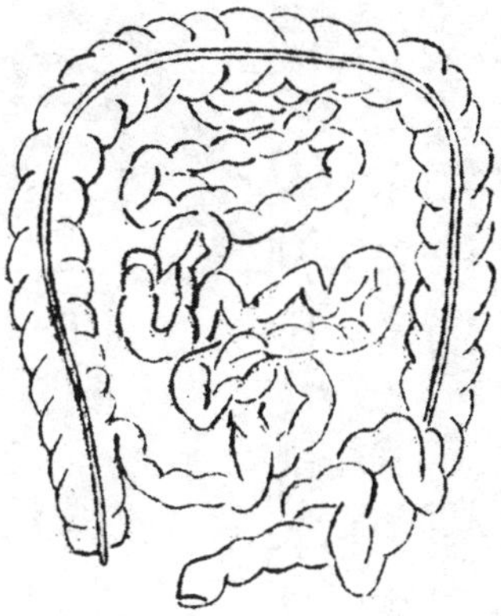

腎 去

是忍切，音裖。腎為分泌器。腎有二，其左為腎，右為命門。腎水 心腎

腎為作強之官，伎巧出焉。在腰椎骨之兩側，一對之機器也。兩側各於其一條之輸尿管相接，其內側之一窩曰腎門，其外質為腎囊。

腎

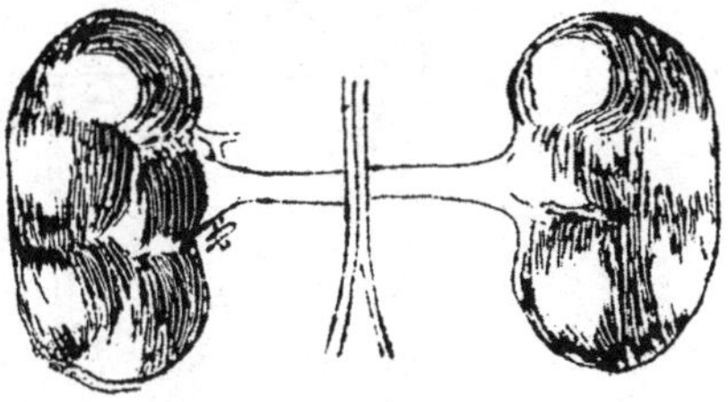

腑 上

斐古切，音甫。六腑也，亦作府。肺腑 腑陽

腑者，府也，五臟之宮府也。膽、胃、大小腸、膀胱、三焦，是為六腑。五臟藏精氣不動為陰，六腑傳化物而不藏為陽。

脬 平

披交切，音拋。說文：膀胱也。分分泌之官。

膀胱謂之脬，腎之府也。受腎臟所分泌之尿而排泄之。膀胱空虛時，潛伏於小骨盤，及以尿填充膨脹而在下部，又有括約筋以閉鎖尿道口，不使溢出。

肩 平

古賢切、音堅、項下髆上曰肩、仔肩 肩背

說文髆也从肉象形臂本曰肩、肩骨當脊骨之左右、與銷骨上髆骨尺骨相接續而為臂之根本、合腕骨、掌骨、指骨統稱為上肢骨、

肩胛骨

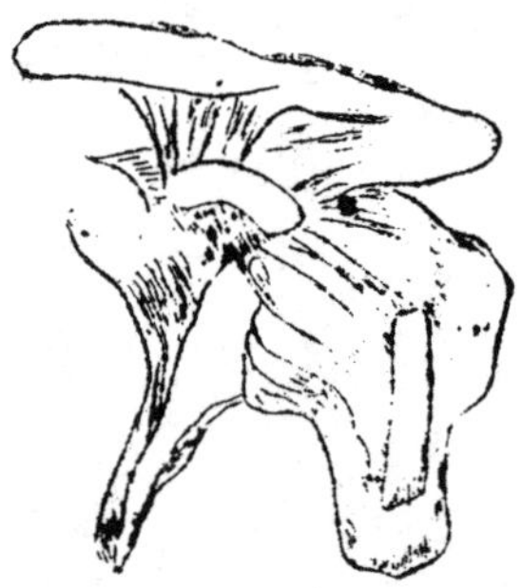

肱 平

姑弘切、音[illegible]、臂幹也、曲肱

肱臂之下截也、肘之下、掌之上謂之肱、

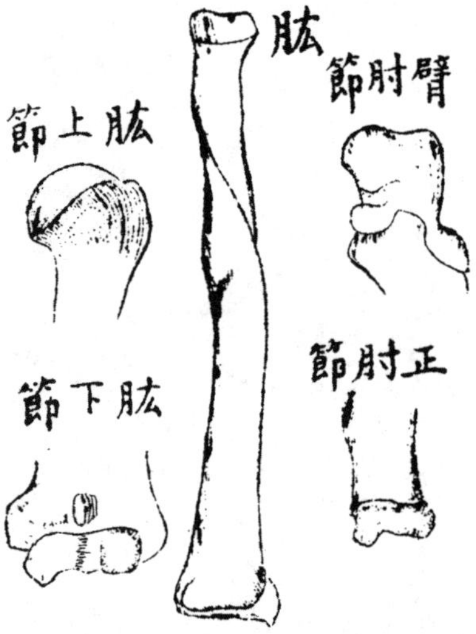

腕 上

烏貫切、音惋、手腕也、手腕 腕力

說文本作掔、手掔也、腕宛也、言可宛曲也、腕骨八、即船骨、半月骨、尖斧骨、豆骨、長方骨、斜方骨、大骨、手鉤骨是也、

手腕骨

心

平

息林切、音辛、心者、身之主也、勞心　心經

心、纖也、所識纖維無不貫也、心者、為拳大之臟器、在胸腔中之稍左方、而自横紋筋所成、留空洞於内部、其内面心臟内膜、外面以心囊蔽之、

心

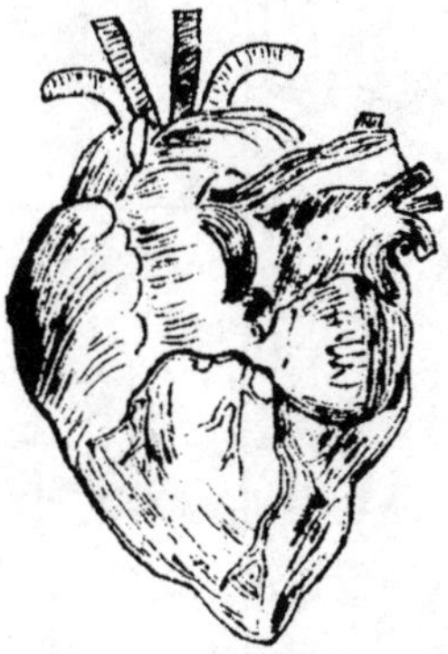

肝

平

古寒切、音干、肝為疏泄器、附於脊第九椎、　心肝　肝胆

肝為將軍之官、謀慮出焉、肝占腹腔之左上部、密接於横膈膜之下面、為巨大之器、而有鋭角之長方形、全體呈赤褐色、能分泌膽汁、

肝

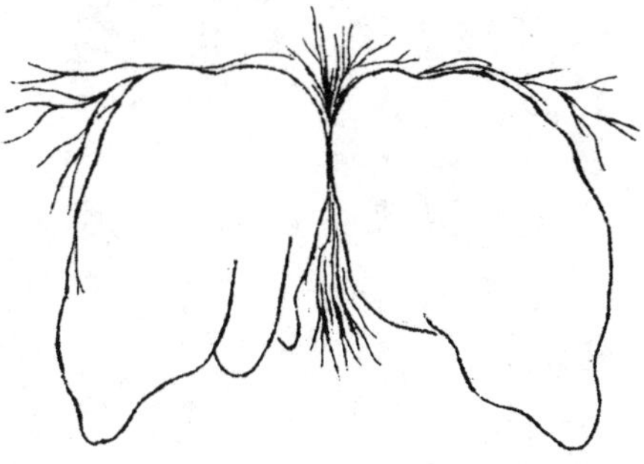

脾

平

補靡切、音陴、脾為消化器、在右脊下、　健脾　脾胃

脾、裨也、在胃之下、脾助胃氣、主化穀也、狀如腰、向外圓而凸、向内稍凹、中有一窩、色深紫、有一大脈管、能通血脈、

脾

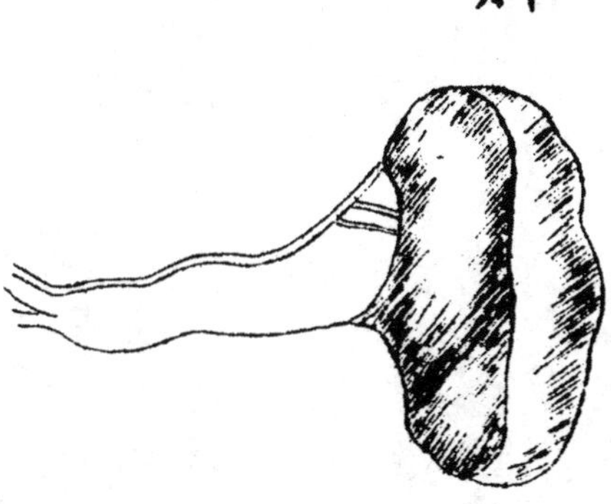

去 肺

方廢切、音怖、肺為呼吸器、附於脊第三椎、　心肺　肺石

肺為相傅之官、治節出焉、肺占胸腔內之大部、為海綿樣之器、左肺葉二、右肺葉三、而心臟居兩肺葉之間、肺臟及心臟者、依肺動脈及肺靜脈相連繫也、

肺

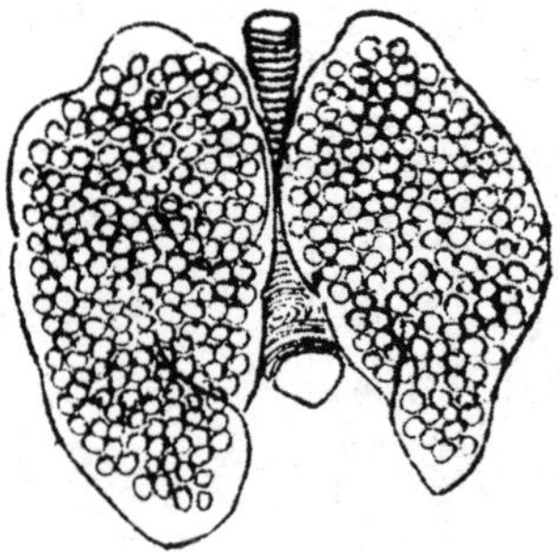

上 膽

覩敢切、音黵、膽為中正之官、主決斷、故膽大者能成事、　肝膽　膽壯

膽者肝之府、形如瓶、在肝之短葉間、其膽囊裏有膽汁、黃褐色、或暗綠色、而有苦味、當食物消化之時、同注於腸中、能助小腸之功用、

膽

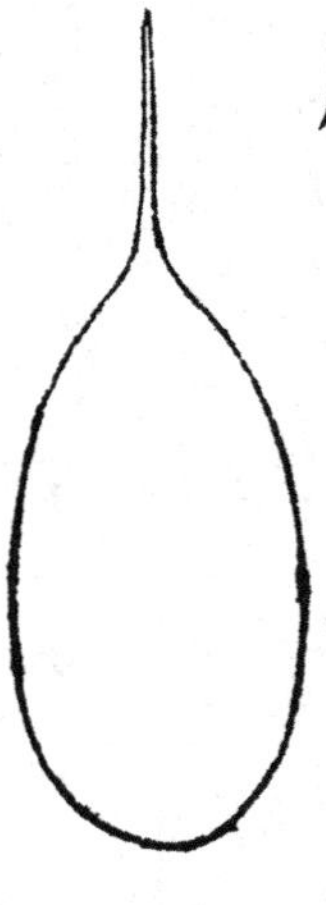

去 胃

于畏切、音謂、胃為飲食之官、又星名、胃為天倉、　脾胃　胃口

胃者、脾之府也、橫膈膜下面所接之囊裏也、其與食物吻合之部曰噴門、連於小腸之部曰幽門、胃臟壁者、自數層之平滑筋、及粘膜所成、有胃腺、以通胃液

胃

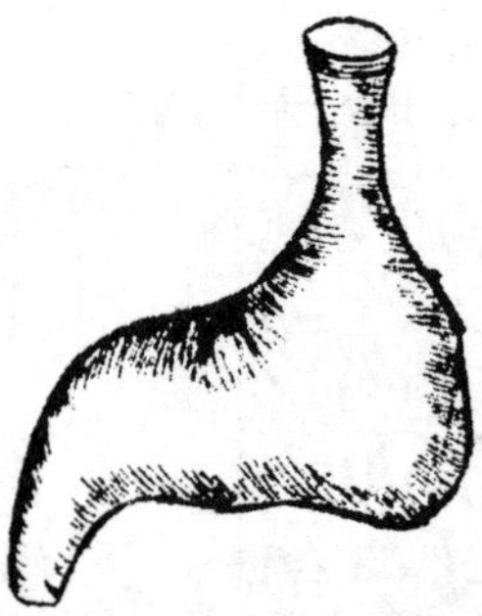

肋 入

歷德切、音勒、膂之別名、膂肋 肋骨

說文膂骨也、肋勒也、檢勒五臟也、又舉欣切、音斤、與筋同、肉之力也、

腹 入

方六切、音福、臍之上下兩旁曰腹、心腹 腹內

說文本作腹、厚也、一曰身中、腹複也、富也、腸胃之屬、以自裹盛、復於外、複之其中多品、似富者也、

臀 平

徒渾切、音屯、坐几處也、坐臀 臀肩

說文髀也、本作𡱂臀底也、最處底下也、臀當尾閭、其內有骨盤、依二枚無名骨、及薦骨之結合、藏下腹之內臟、而成一圜之帶形、與脛股相接續也、

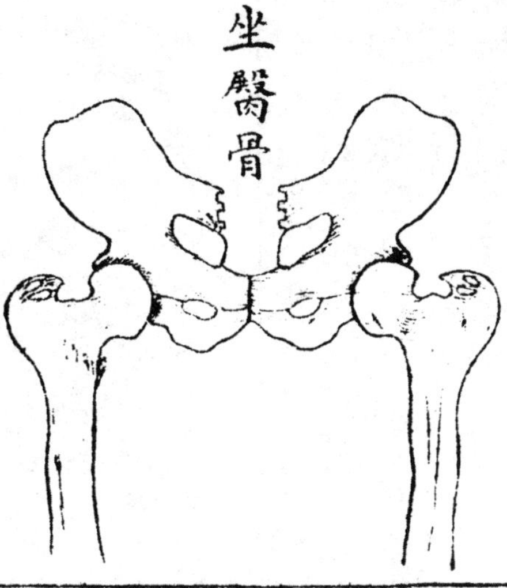

腰 平

伊堯切、音要、膂上胯上為腰、束腰 腰帶

說文身中也、腰約也、在身之中、約結而小也、腰司一身之屈伸、為人之大關節、其骨有五、當薦骨之上部、

股 上

果五切、音古、自胯至膝為股、招股 股分

說文髀也、脛本為股、輔下體者、股固也、謂堅固也、股隨於足、分列左右、任體之重、故謂之股、取分任之義也、故借為股分之股、

上 **腿** 骽

吐猥切音退、上聲、足脛也、火腿 腿足

腿、脛也、脛股後肉謂之腿、俗謂股為大腿、脛為小腿、腿骨總名下肢骨、自大腿骨、膝蓋骨、脛骨、腓骨各一枚而成、其下接足骨、

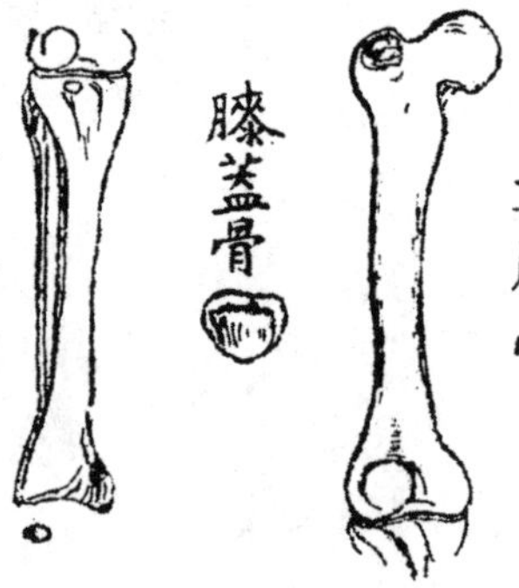

入 **足**

縱玉切音哫、下肢之名、又滿也、止也、手足 足跡

足、續也、言續脛也、足為下二肢、足以上曰脛、脛上曰膝、膝上為大腿、大腿繫於胯下、自大腿至足凡三節、
又將豫切音沮、成也、

去 **脛**

形定切音經、膝以下骨也 斷脛 脛骨

說文胻也、脛莖也、直而長似物之莖也、脛骨一枚、上與膝蓋骨相連、下接跗骨、其後為腓骨、即輔腿骨也、

入 **膝**

息七切音悉、腿之屈處為膝 腰膝 膝下

說文脛頭節也、本作厀、今俗作膝、膝伸也、可屈伸也、膝蓋骨上潤下共、上與大腿骨相連、下接脛骨、以便於行步也、

上 **踵**

主勇切音腫、足跟曰踵、 踵謝 接踵

踵、足後也、古本作歱、說文踵追也、一曰往來之貌、又鍾也、聚也、上體之所鍾聚也、接踵前後並行也、跂踵踵不至地、以五趾行也、

跗 平

甫無切、音膚、足背曰跗、

足跗　跗背

跗足上也、跗骨七枚、踵骨、踝輪骨、方骨、船骨、及內中外尖斧骨所成、上連脛骨、下接蹠骨、蹠骨接趾骨、

足跗骨

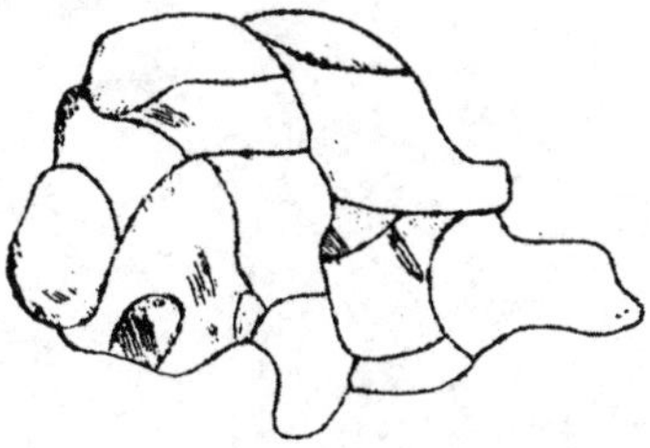

腳 入

訖約切、音蹻、足之別名、又下肢之總稱、

手腳

說文、脛也、或作腳、腳却也、以其坐時却在後也、腳跗骨七枚、蹠骨五枚、趾骨共十四枚、與手指同、

腳骨

趾 上

諸氏切、音止、足趾也、

玉趾　趾印　趾影

手指曰指、足指曰趾、趾止也、言行一進一止也、趾骨十四枚、與手指同、但短而不便於屈伸、

肢 平

旨而切、音支、手足為四肢、通作支、

四肢　肢體

肢、支也、人所藉以支持也、上二肢、手也、自臂至指、其骨六十四枚、下二肢、足也、自股至趾、共六十二枚、

胞 平

班交切，音包。胎衣謂之胞。　心胞　胞衣

說文：兒生裹也。人四月而胞。胞即胎之衣也。其中含水質，胎居其中以生長也。

乳 上

而主切，音孺。胎生曰乳。　鍾乳　乳汁

說文：乳从孚从乙。乙，玄鳥也。人及鳥生子曰乳，獸曰產。乳者，哺子之汁，血所變也。其出乳之核曰乳核，在胸前左右。

膏 平

古勞切，音高。說文：肥也。又滑澤也。　脂膏　膏血

膏，脂類，神之液也。心之下為膏。又人一月而膏，二月而脂。又古到切，音誥，潤也。凡脂膏之膏讀平聲，用以潤物曰膏，讀去聲。

胎 平

湯來切，音台。凡孕而未生者皆曰胎。　胞胎　胎衣

說文：婦孕三月也。胎，始也。人三月而胎。

毛 平

謨袍切，音旄。毛者，體骨之餘氣也。　毫毛　毛錐

毛，冒也，貌也。在表所以別形貌，自覆冒也。凡眉毛之屬皆曰毛。而皮面有許多細孔，毛髮插入其孔中之部分曰毛根，現於上面曰毛幹，深達下層曰毛囊。

脂 平

支而切，音支。人二月而脂。　凝脂　脂膏

脂，膏也。凝者為脂，釋者為膏。在人腹中，肥而包膜心者，脂也。能潤澤皮膚，以膏腴毛髮者，脂之為用也。

頭 平

徒侯切、音投、人身之最上者為頭、

筆頭 頭顱

說文首也、獨也、於體高而獨也、凡人頭骨之發育為最完全、自顱頂骨、顳顬骨各二枚、前頭骨、後頭骨、蝴蝶骨、篩骨各一枚、所成圍繞骨蓋腔、以包藏腦髓、

頭骨

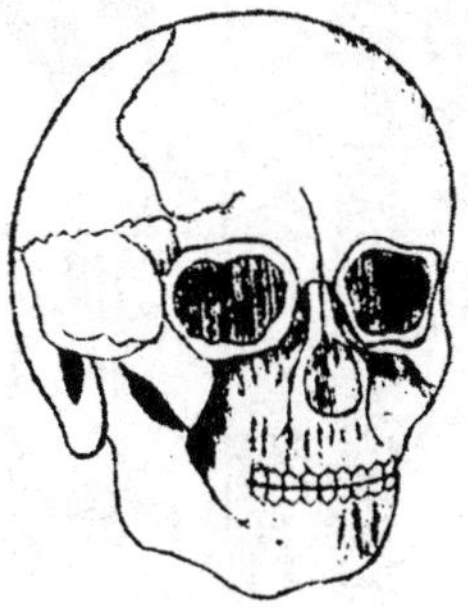

腦 上

乃老切、音惱、腦者、人之靈機也、

頭腦 腦髓

說文頭髓也、腦者充滿於頭蓋腔內柔軟之器官也、自神經之細胞所成、而為珠狀之小體、有大腦中腦小腦之別、

腦子

皮 平

蒲糜切、音疲、包裹全身者、曰皮、

頭皮 皮膚

人身內外以皮包之、皮之最上層曰表皮、次之為革皮、而其最深層者下皮也、

膜 入

末各切、音莫、肌肉之薄衣也、

膈膜 膜衣

說文肉間胲膜也、又幕也、幕絡一體也、有外膜中膜內膜之別、在動脈與靜脈之間、而為脈管之組織、

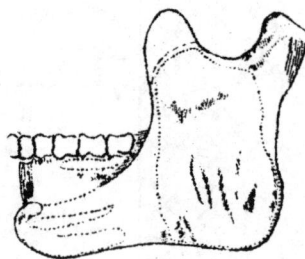

肌 平

居宜切，音飢。在物曰肉，在人曰肌。肌膚肉也。

肌肉　肌理

說文肉也。人身四支附骨者皆曰肌。肌，懻也。膚膜堅懻也。又居氣切，音既。體也。

肌肉

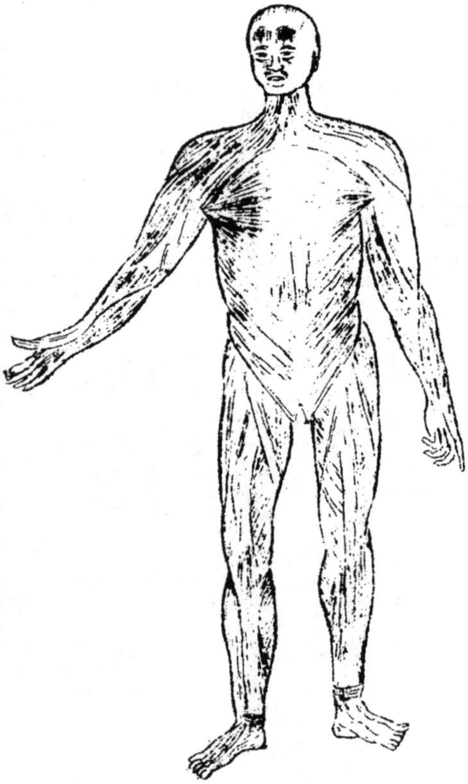

耳 上

忍止切，音洱。耳者，腎之候也。

洗耳　耳聞

說文主聽也。耳為聽覺器，在頭部之兩側，為一對之器官，有外耳、中耳、內耳之別。外耳在耳殼外，中耳依於鼓膜，內耳自迷路錯綜之部位所成。

頰 入

古協切，音莢。

批頰　頰骨

說文面旁也。頰，夾也。兩旁稱也，亦取夾斂食物也。頤內之牙牀骨為頰車。

頰

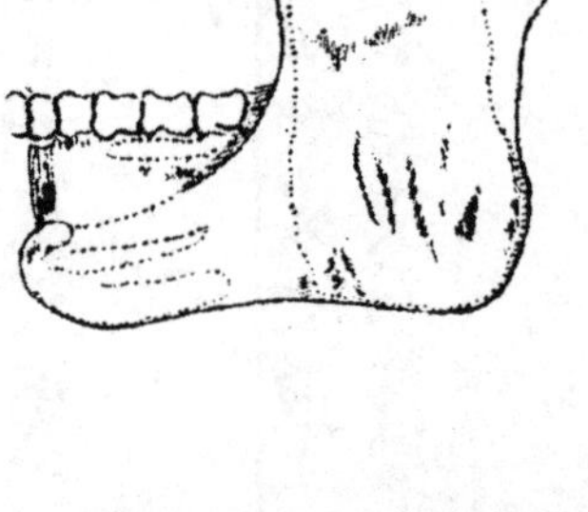

額 入

鄂格切、音峉。髮上眉上爲額。
顣額　額角

說文顙也、中夏謂之額、東齊謂之顙、本作頟、今通作額、又鄂也、有垠鄂也、又頟頟不休息也、

顙 上

蘇朗切、音桑上聲、額之別名
稽顙　廣顙

顙額也、易其於馬也爲的顙、其於人也爲廣顙、頭觸地無容曰稽顙、

咽 平

因肩切、音燕、所以通飲食者曰咽
下咽　咽喉

說文嗌也、又咽喉也、咽者嚥水、喉者候氣也、咽頭在於舌後方之腔洞、而前上方與口腔及鼻腔交通、其下前方有喉頭、口而會厭軟骨蔽其上、

首 上

始九切、音手、頭也、
元首　首飾

說文頭也、始也、首在人身之上、故假借爲元始之義、稽首拜、頭至地也、頓首拜、頭叩地也、又元首君也、黔首百姓也、

頸 上

居郢切、音景、所以承首、前爲頸、後爲項、
頭頸　頸項

說文頭莖也、頸徑也、徑挺而長也、又凡物之領皆頸、

頤 平

延知切、音移、兩頰也、
朶頤　頤養

說文顄也、車輔之名也、又養也、朶頤者嚼也、期頤者老也、頤指所欲如意也、

軀 平

虧于切音區身
之別名　身軀
軀幹

說文體也、軀區也、是衆名之大
區域也、或作軀、

去

項

胡講切音杭上
聲、頸之後為項
頭項　項頸

說文頭後也、項确也、堅确受枕
之處、又冠後為項、項結纓也、
又姓、史記項氏世世為楚將、封
於項、故姓項氏、

肉 入

而六切音衄隱
於皮膚內者曰
肉、　肌肉　肉
身

肉者、於人體皮下所包圍骨格
之紅色肥厚組織、主成人體軟
部之形、所現紅色、由於含有血
球質也、管子五藏已具、而後生
肉、五肉已具、而後發為九竅、

血 入

呼決切音泬紅
色之液體曰血
心血　血肉

血、濊也、出於肉流而濊濊也、人
之有血、猶地之有水、血液之中、
有無數細胞、即赤血球白血球
是也、

髯 平

而占切音冉平
聲、在頤曰須、在
頰曰髯　美髯
髯蘇

說文髯頰須也、髓口動搖髯髯
然也、俗作髯非、

髮 入

方伐切音發血
之榮為髮　頭
髮　髮膚

說文根也、首上毛也、髮拔也、拔
擢而出也、髮生皮面下、有根囊、
其囊底有乳頭、為充髮根之榮
養液、其髮之白者、因其養榮之
不足、致黑色之消滅也、

技 去

巨綺切音奇上聲、執藝曰技、 才技 通作伎、 技藝

技、巧也、巧於術者曰技、又藝也、方術也、凡執技以事人者、如祝史射御醫卜及百工之類、皆是也、

術 入

食律切音秫、技之精者曰術、 術數 心術

術、技術也、思通造化、策謀奇妙、是為術家、凡卜筮星相之類、皆謂之術、又邑中道也、百家為里、里十為術、術十為州、

射 去

神夜切音蛇去聲、弓矢斯張、 射者 騎射

古者禮射有四、如大射賓射、鄉射燕射是、 國朝以騎射得天下、故滿員十五以上皆習騎射、武闈取士、亦以騎射為重、 又食亦切音實、泛言射、則讀去聲、專言以射其物、則讀入聲、

藝 去

倪祭切音蓺、多才曰藝、又執技、亦曰藝、 才藝 藝技

藝、才能也、古以禮樂射御書數為六藝、後世以文字為制藝、又百工之事曰工藝、 又與埶通、種也、樹藝種植之事、

弋 入

逸職切音翊、繳繫矢而射也、 弋人 釣弋

弋、繳也、其矢短于常矢、以繩索而射之、

射

疇 平

徐留切音酬　耕治之田也　田疇　疇人

說文疇从田从𠷎會意古文𠷎象溝洫屈詰之形也後人通稱習算學者為疇人

畫 入

胡麥切、音橫入聲、　繪畫　畫圖

畫本訓卦畫之畫、假借為界畫之畫、引申為書畫之畫、又胡卦切、音話、畫形也、畫者為形象也、畫挂也、以五色挂物采也、

醫 平

於宜切音翳　治病之工曰醫　醫藥　良醫

中西醫學不同中醫以寒熱攻補治病、西醫通格致、工解剖其治病之法必確有心得、方可用藥、非若中醫雜藥亂投也、各國皆立醫藥專科

筮 去

時制切音誓　占卜也　卜筮　筮龜

卜者用龜、筮者用蓍、俱以易占吉凶也、

占 去 平

之廉切、音詹　占卜問也　侵占　占卜

占者、視兆以知吉凶也、易以卜筮者尚其占、占从卜从口、所以決疑也、又章豔切、音佔、侵占、侵據也、

妝 平

側霜切音壯　梳洗曰妝　理妝　妝飾

妝飾也、女子理髮、敷粉、所以飾貌也、故謂之妝、俗作粧、非、

卜 入

博木切，音博。問龜曰卜、　龜卜　卜易

卜、灼剝龜也，象炙龜之形，一曰象龜兆之縱橫也。凡卜筮之事，龜為卜，筴為筮。又姓，孔子弟子卜商。

卜

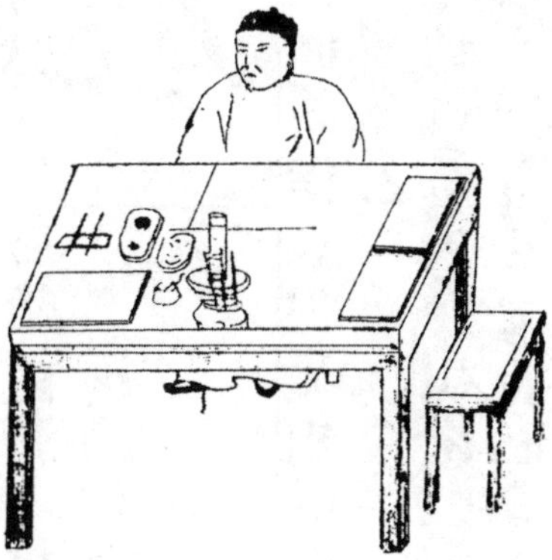

弈 入

夷益切，音亦。圍棋曰弈。　博弈　弈秋

弈、圍棋也。自關東齊魯之間皆謂之弈，取落弈之義也。一曰子曰棊，局曰弈。

弈

御 去

魚據切，音御。駕車也、　侍御　御車

御、所以制馬也，故引申之為御。冬御字之御。蔡邕獨斷曰，天子所進曰御。凡衣服加於身，飲食入於口，妻妾接於寢，皆曰御，是也。

鈴 平

郎丁切，音靈。搖之出聲曰鈴。

鈴以銅為之，似鐘而小，或為圓形，半裂其口，中含銅珠，鳴之以出聲，繫於馬頸者曰馬鈴。

相 去

思將切音襄、凡有所視者曰相
宰相　相視

相、省視也、假借為相交相助之相、又相思木名、又息亮切、音襄去聲、相術、以術相人也、宰相、百官之長也、今西人攝影之法曰照相、

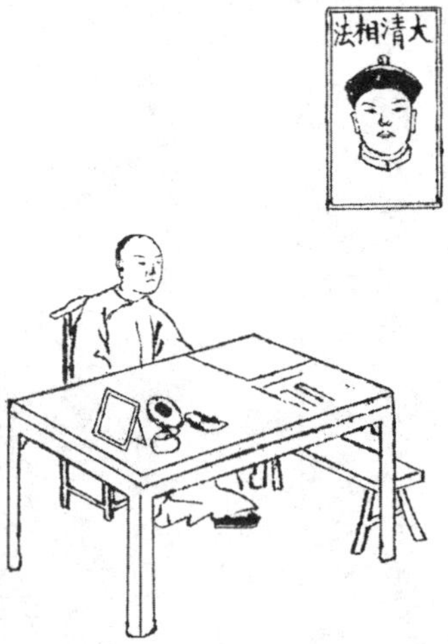

相

鑑 去

居懺切音監、鑑照也、風鑑
鑑照

鑑、鏡屬、取水之器也、一名方諸、鑑能照物、故引申為鑑戒之鑑、凡攷古今成敗為法戒者皆曰鑑、世以擇地者為風鑑、

飾 入

賞職切音識、加文於質曰飾

飾、拭也、物穢者拭其上使之明、猶加文於質也、故引申為修飾之飾、婦人梳洗曰妝飾、所以增其外貌也、

巫 平

微夫切音無、以舞降神者曰巫
女巫　巫醫

古者女曰巫、男曰覡、今則男女統稱曰巫矣、

匠 去

疾亮切、音墻去聲、工人也
工匠　匠人

匠、木工也、說文、匠从匚从斤會意、匚似規、斤用以治木之器者、故引申之、凡專精一藝皆曰匠、

色 入

殺測切，音嗇，顏
之外著者、 顏
色 色屬

凡物有質必有色，惟白為正色，二色相合為間色，如紅藍合成為玫瑰色，紅黃合為橘皮色是也、

紅 平

胡工切，音洪，淺
於赤色曰紅
女紅 紅白

紅帛赤白色也，白色之似絳者為紅，爾雅一染謂之縓，縓淺絳色，即今之紅也、又古紅切，音公，與功通，大紅小紅，即大功小功，又通工，女紅、

黃 平

胡光切，音皇，黃
為正色 倉黃
黃帝

黃中央之色也，中央屬土，土黃色也，故中央之神曰黃帝、地球距赤道南北各二十五度，為黃道、

朱 平

專於切，音珠，深
於赤色曰朱
又姓也 楊朱
朱履

朱赤心木也，松柏之屬，从木从一，一者心也，赤深纁謂之朱、又朱提地名，出銀，故謂銀曰朱提、

赤 入

昌石切，音尺，深
於紅色曰赤
黃赤 赤子

赤南方之色也，南方屬火，火赤色也，故南方之神曰赤帝、又赤子，小民也，赤地，荒土也，赤體，露身也、

絳 去

古巷切，音降，深
於朱色曰絳、
京絳 絳色

絳大赤也，爾雅三染謂之纁，絳古謂之纁，今所謂大紅是也、

青 平

倉經切音鶬出於藍色曰青、青山　竹青

青東方之色也東方屬木其色青故東方之神曰青帝、又子丁切與菁同青青茂盛貌、

蒼 平

千岡切音倉深青色也　蒼蒼　蒼老

蒼草色也深於青色曰蒼、蒼天春天也蒼生百姓也又蒼蒼物老之狀、

黛 去

待戴切音代可以代黑色者　青黛　黛綠

黑而有光者謂之黛黛代也言可以代黑色也、

紫 上

蔣氏切音呰青與紅合為紫　紅紫　紫薇

紫北方之間色也其色最美足以惑人為正色之疵瑕故紫訓為疵、

玄 平

瑚涓切音懸黑而有黃色者為玄、玄機　玄都

玄北方之色也北方屬水其色玄故北方之神曰玄帝、上玄天也玄為天色故稱玄天、

素 去

蘇故切音訴無色曰素　朴素　素齋

素樸素也凡物之無飾者皆曰素、

縞 上

古考切、音杲、素色曰縞、 縞衣 縞素

縞、鮮也、即今所謂素者也、縞冠、素冠也、縞衣、素衣也、故繒之精白者謂之縞、

黎 平

鄰溪切、音犁、黑色曰黎、 羣黎 黎民

黎、履黏也、作履黏以黍米曰黎、又與黧同、黎、黑色也、黎民、黑髮之人也、又黎明、比明也、言比之天明也、又土青曰黎、似黎草色也、

藍 平

魯甘切、音籃、染青之色也、草名 蔚藍 藍田

藍、染青之草也、藍有三種、蓼藍染綠、大藍如芥染碧、槐藍如槐染青、三藍皆可作澱、色成勝母、故曰青出於藍而勝於藍、又燕支、一名紅藍、

盧 平

龍乎切、音路平聲、黑色曰盧、 盧弓 呼盧

盧、火器也、假借為黑色之稱、黑弓曰盧弓、又呼盧、樗蒲之戲、五子皆黑曰盧、又土黑曰盧、盧盧然、解散也、

絢 去

許縣切、音眴、五色相合為絢、

絢、采色也、采成文謂之絢、

緇 平

側持切、音菑、黑色曰緇、 緇流 緇衣

緇、黑色之帛也、攷工記、七入為緇、染纁者五入而成、又復再染以黑、則成緇、而無可染矣、

緅 平

菑尤切、音鄒、緅蒼青之色也、　紺緅　緅色

緅、帛之青赤色也、攷工記五入為緅、染纁三入而成、又再染以黑則成緅矣、

紺 去

古含切、音贛、帛之深青揚赤色者、曰紺、

紺、含也、青而含赤色者謂之紺、論語君子不以紺緅色、

碧 入

兵亦切、音筆、碧深青色也　青碧　碧玉

碧、石之青美者也、青色之深者曰碧、唐官制八品九品皆服碧以代青色也、

斑 平

布還切、音頒、駁文也　一斑　斑竹

斑、龍色也、色不純者曰斑斕、老人髮蒼白者曰斑白、

采 上

此宰切、音採、色之美麗者曰采、與綵彩同

采、彩色也、書以五采彰施於五色、五色相雜即成采、又采物、謂采章物也、又采、擇也、以手捋取謂之采、

鮮 上 平

相然切、音仙、生魚曰鮮　朝鮮　鮮肉

鮮、鳥獸新殺者曰鮮、物之初長成亦曰鮮、鮮者文明之象也、因轉注為鮮少之鮮、如數見不鮮、讀息淺切、音獮、罕也、

帛 入

薄陌切、音白、繒之厚者曰帛、

竹帛　帛繒

帛、厚繒也、似絹而粗、古者以幣帛為贈答賓客之贄、又竹帛、縑素也、古者、有功必記於竹帛、故曰勒帛、

絲 平

新茲切、音思、可以織帛者曰絲、

蠶絲　絲蔴

絲、蠶所吐也、抽引蠶繭出緒曰絲、又絲聲、八音之一、如琴瑟之類是也、又算法十忽為絲、十絲為釐、

綾 平

閭成切、音陵、似繒而薄者曰綾、

綢綾　綾羅

綾、凌也、其文如冰凌之理也、東齊謂布帛之細者皆曰綾、又繒綾不平貌、

羅 平

郎何切、音蘿、以絲罟鳥曰羅、又繒之粗疎者曰羅、

綢羅　羅致

羅、鳥罟也、古者芒氏初作羅、又帛也、文之疎者為羅、又羅列也、羅致也、

紬 平

陳留切、音儔、以絲織者曰紬、

紡紬　紬絹

紬、大絲繒也、抽引粗繭緒紡而織之曰紬、今俗作綢非、又丑鳩切、音抽、紬抽也、絲端出細緒也、

綿 平

彌延切、音棉、絮之精者曰緜、

絲綿　綿紗

緜、新絮也、今作綿、又精者曰緜粗者曰絮、又緜聯微也、緜綿長也、纏緜猶綢繆也、延緜言久遠也、緜蠻鳥聲也、

紗 平

師加切音沙，已紡而成者謂之紗，又絹屬之輕者曰紗。 紡紗 紗羅

紗，紡縷也，又紗，縠也，紡絲而織之輕者為紗，縐者為縠。

絨 平

而中切音戎，以毛織者曰絨。 絲絨 絨棉

絨，細布也，今謂以毛織成者為絨，絨與狨同，狨，禺屬，毛可為布，故名細布為絨也。

錦 上

居飲切音磔去，絲織成者曰錦。 織錦 錦繡

錦，襄色織文也，色相雜謂之襄，五色成文謂之錦，又貝錦，水中介蟲曰貝，其文如錦。

布 去

博故切音捕，以麻葛棉織者曰布。 洋布 布施

布，布也，布列眾縷為經，以緯橫成之也，古者麻紵葛皆為布，今多以木棉為之，又泉布，錢幣也，其藏曰泉，其行曰布。

緞 去

徒玩切音段，細絲織者曰緞。 綢緞 緞匹

緞，履跟之帖也，今俗以為紬緞字。 又乎加切音遐，義同。

絹 入

規掾切音狷，似紗而粗者曰絹。 畫絹 絹帕

絹，堅也，其絲厚堅而疏也，帛以熟絲為絹，以生絲為之。

繅 平

蘇曹切、音騷、煮繭成絲謂之繅　蠶繅　繅絲

繅、繹繭出絲也、煮繭於釜、抽其絲端、引上繅車、謂之繅絲、今多用外洋機器、各處設繅絲廠、

績 入

則歷切、音勣、分麻成縷謂之績　紡績　績麻

績、緝麻也、分成麻縷、粗細任意、旋緝旋搓、以短接長、謂之績麻、

織 入

質力切、音職、以機成布帛曰織　紡織　織機

織、作布帛之總名、經與緯相交而成織、中國專賴婦功、今仿行外洋機器、創設織布局、

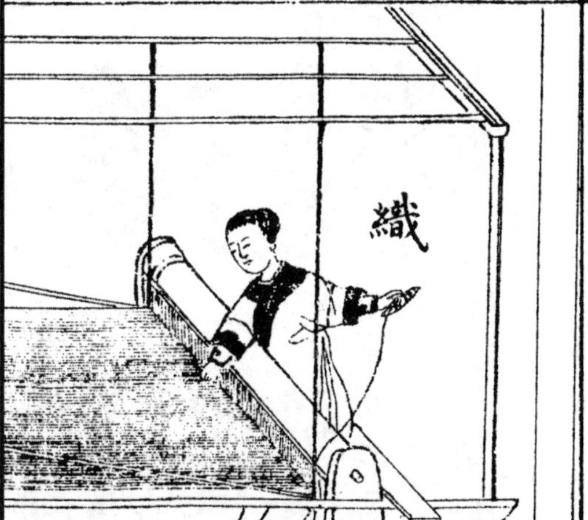

紡 上

撫兩切、音仿、以機抽絲、謂之紡、
紡紗　杭紡

紡、績縷也、如紡棉成紗是也、紡車之制、綻隨輪轉、棉繞莩繀、續成棉紗、俗謂之搖花、今多用外洋機器、各處設紡紗廠、

絡 入

歷各切、音洛、絡籠絡也、又包絡也、絡車、理絲之具也、
籠絡　絡車

絡、繞也、絡謂之籆、所以收絲縷也、絡車之制、以細軸穿籆、繩牽軸動、絲乃上籆、為理絲之先具也、說文、絡絮也、一曰麻未漚也、又絡脈、人身經脈也、

絺 平

抽遲切、音郗、布之以葛織成者曰絺綌、
為絺　絺兮

絺、細葛也、葛之細者為絺、粗者為綌、絺綌所以為當暑之衣者、俗名葛布

濩 入

黃郭切、音穫、說文、雨流霤下貌、又煮麻也、
濩麻　布濩

濩、煮也、採葛煮之、去其粘膠、剝取分縷以為絺綌、詩云是刈是濩、為絺為綌是也、又故胡切、音護、布濩、流散也、

縷 去

力主切、音僂、絲縷、麻葛之屬、
縷縷　絲縷

縷、綫也、凡麻葛絲之綫、皆曰縷、又覼縷、委曲也、藍縷、敝衣也

衾 平

祛音切音欽衾 被也、衾枕 抱衾

衾大被也、古之衾皆三幅、今用五幅、為斂屍之具、如孟子謂棺椁衣衾之美也是、又寢衣亦曰衾、如詩云抱衾與裯是、

褥 入

如欲切音辱、所藉以卧者、曰褥 褥子 被褥

褥辱也、人之所坐褻辱之具也、車上之褥曰茵、席間之褥曰墊、藉之以卧者曰褥、又奴沃切、音傉、小兒衣也、

綬 去

是酉切音受、所以繫印者、曰綬 綬帶 綰綬

綬受也、所以承受印環也、亦謂之璲、秦廢韍佩、以采組連結於璲、光明章表、轉相結受、故謂之綬、

幔 去

莫半切音縵、張幕於上者曰幔 帷幔 幔帳

幔漫也、漫漫相連綴之謂也、在旁曰帷、在上曰幔、

褻 入

先結切音薛、私居之衣曰褻 褻瀆 褻褻

褻私服也、又衣服破壞之餘曰褻、又褻也、又與媟通、狎近也、

巾 平

居銀切音神、所以沐首者、曰巾 巾箱 手巾

巾佩巾也、佩巾本以拭物、古亦用以蒙首、如冠禮士冠庶人巾是也、今所謂手巾者、即禮記盥卒授巾、所以帨手者是也、

襖 上

烏皓切音懊、短衣也、
袍襖
襖衣

襖、袍襖也、男曰袍、女曰襖、又裏衣亦謂之襖、

褶 入

達協切音牒、衣有表裏而無著曰褶、
袍褶
褶子

褶、疊也、重衣之最在上者曰褶、其形短身而廣袖、一曰左衽之袍也、又席入切音習、袴褶、騎服也、今俗云馬褂、

裠 平

衢云切音羣、下裳曰裠、
衣裠
裠幅

裠、下裳也、古者男女皆服裠、男曰裳、女曰裠、裠者羣也、接連羣幅也、

褐 入

何葛切音曷、粗布之衣曰褐、
豎褐
褐衣

褐、短衣也、以毛布為之、豎褐、童豎之衣也、或作⿰衤敫、

衽 去

汝鴆切音妊、衣襟曰衽、
左衽
斂衽

衽、衣襟也、衽當衣幅交裂之處、獨任其缺、故謂之衽、

裙

冕 上

美辨切音免冕古冠也今俗謂平天冠　冠冕　冕旒

冕大夫以上冠也古者黄帝初作冕冕之言俛也後仰前俯主於恭也天子之冕朱綠藻十有二旒諸侯九上大夫七下大夫五此以文為貴也、

旒 平

力求切音劉旒連綴下垂於冕者也　冕旒　玉旒

旒冕旒也以絲繩貫玉垂冕前後者曰旒古者天子以五采為旒旒有十二、　又旌旗之垂者亦曰旒、

冠 平　去

沽歡切音官首服曰冠　衣冠　冠軍

冠者卷也所以卷持其髮也、又古玩切音官去聲冠者禮之始也故聖王重冠男子二十加冠曰冠又為衆之首曰冠、

纓 平

渠成切音嬰冠系曰纓、　纓冠　馬纓

纓頸也自上而繫於頸也玄冠朱組纓天子之冠也今俗謂冠頂之朱絲曰纓、又馬纓即馬鞅也、

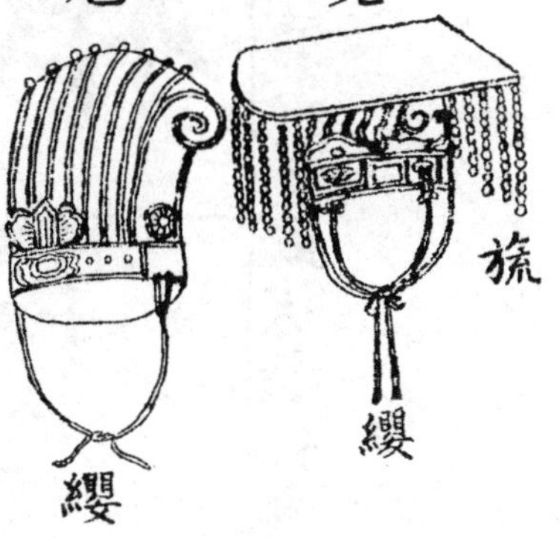

衣 平　去

於希切音依所以被服者曰衣　大衣　衣服

衣者依也人所以依庇身也上曰衣下曰裳又正色曰衣間色曰裳、　又白衣未仕之稱又於既切音依去聲服之也著衣於身也、

屐 入

竭戟切、音劇、木履曰屐、　裙屐、屐齒

屐、木屐也、下有兩木、而高、為天雨行路之用、

屐

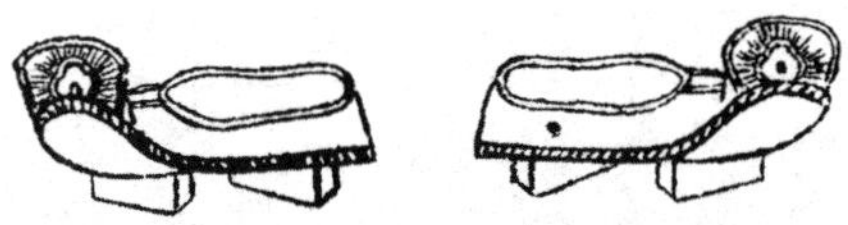

袱 入

房六切、音伏、包裹也、　包袱、袱子

袱、所以裹衣物也、取伏藏之義、

袱

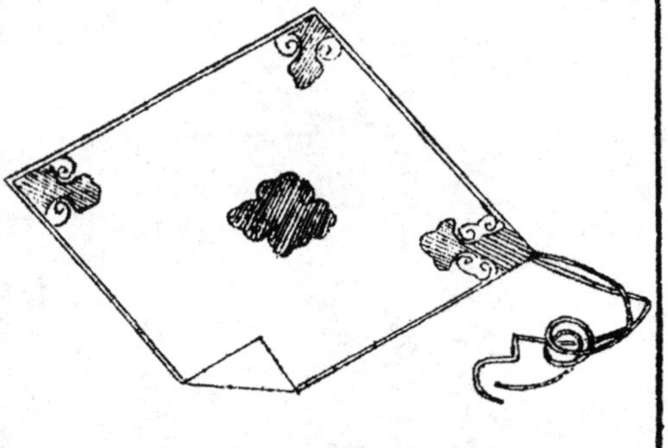

帳 去

知亮切、音脹、床帳、　帳子

帳、張也、所以張施於牀上也、爾雅、幬謂之帳、今江東亦謂帳為幬、又計簿也、即俗稱帳簿、

帳

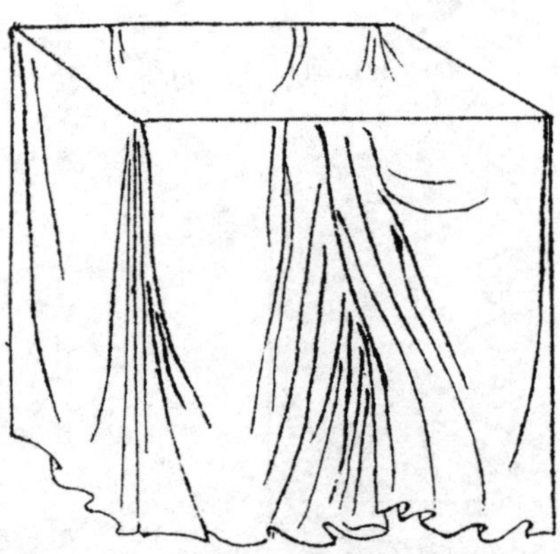

舄 入

思積切音昔履之厚底者曰舄、

鳳舄 赤舄

舄複履也複其下曰舄舄有三等、赤舄最上天子之盛履也下有白舄墨舄、

舄

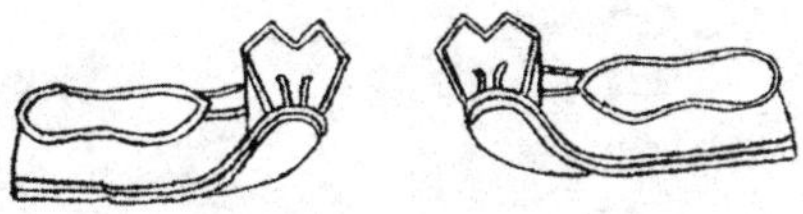

履 上

良以切音里皮屨曰履、

冠履 履歷

履禮也飾足以為禮也草曰扉麻曰屨皮曰履、又以履加足亦曰履、又履祿也如福履綏之是履踐也如履我即兮是、

褎 去

似救切音岫衣袖也、

長褎 褎口

褎袂也與袖同亦作褏、又余救切音狖服飾貌、又禾黍枝葉長亦曰褎如詩云實種實褎是也、

襟 平

居吟切音金衣襟也、

披襟 襟兄

襟交衽也袍襦前袂謂之襟襟者禁也所以禁禦風寒也或作衿、

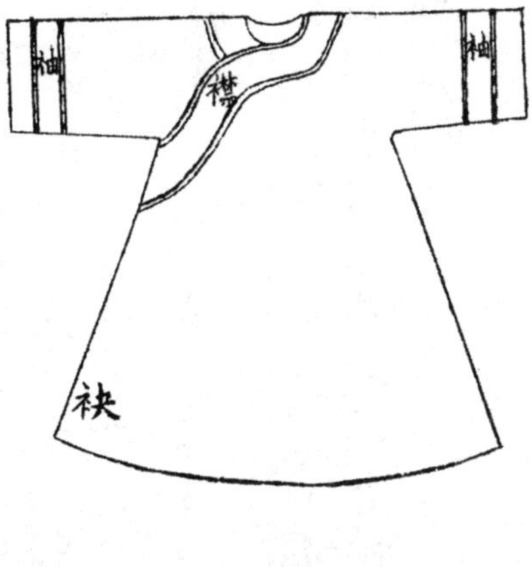

弁 去

眦面切音汴弁者古冠之大號

玉弁　弁冕

弁冕也本作覍覍弁也攀也所以攀持其髮也弁之名出於槃槃大也言所以自光大也故古者冠禮特重之

帽 去

莫報切音禒今之帽猶古之冠也

大帽　帽纓

帽冒也所以蒙冒其首也古者有冠無帽冠下有纚以縰為之後人因之裁纚為帽自天子至於庶人皆服之而以頂翎分貴賤也

蟒 上

模朗切音莽蛇之最大者曰蟒蟒袍官服也

花蟒　蟒袍

蟒王蛇也長數十丈三足身有花紋今朝服皆繡蟒故稱蟒袍有金蟒花蟒之名

衫 平

師銜切音杉小襦也又單衣也

衣衫　衫褲

衫芟也衫末無袖端也中衣謂之衫單襦亦謂之衫、又衣之通稱也、

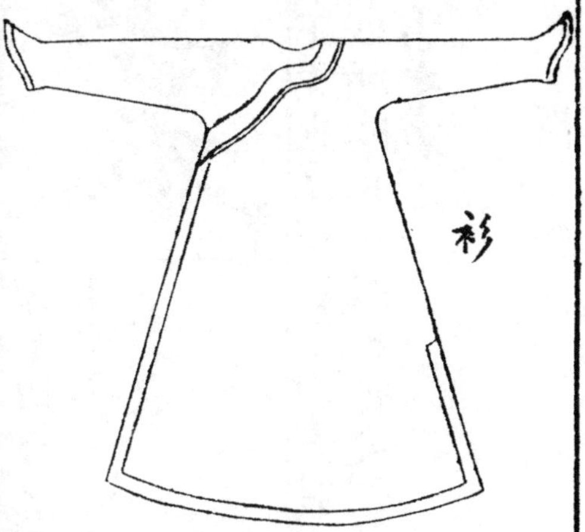

襯 去

初覲切音櫬近身之衣曰襯、

陪襯　襯衣

襯裏衣也又施與亦曰襯、

服 入

房六切音伏衣裳曰服　又服用服事服習　又服衣亦曰服

華服　服習

服夾舟之木也本从舟後改从月夾轅者亦曰服詩云兩服上襄是也衣裳曰服言為人之服用也、又步墨切音匐扶服即匍匐也、

襲 入

席入切音習衣上下皆具曰襲

鈔襲　襲取

襲重衣也又左衽袍也、又掩其不備也如襲取之襲是、又雜襲衣雜沓也、

袷 入

訖洽切音夾夾衣曰袷、

單袷　袷衫

袷複衣也衣無絮者曰袷、又居祛切音劫曲領也、又乞洽切音恰衣縫也一曰衿也、

裳 平

陳羊切、音常、下裙曰裳、　冠裳　裳衣

裳下帬也、上曰衣、下曰裳、裳者障也、所以自障蔽也、今之朝裙即古之裳、

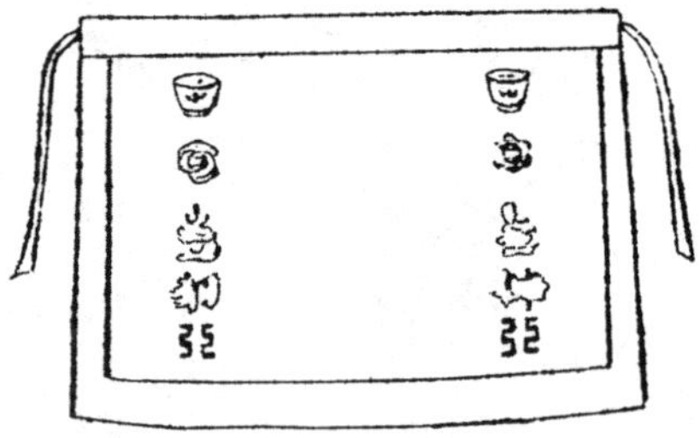

鞾 平 靴

許茄切、音靴、履之連足脛者曰鞾、亦作靴、　皮鞾　鞾帽

鞾跨也、兩足各跨其一也、趙武靈王始服之、取其便於戎事也、古以革為之、故从革、今則製以布帛矣、

鞾

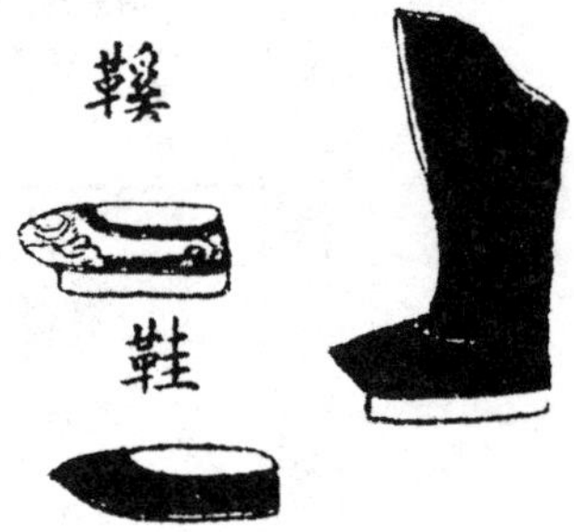

鞵 平 鞋

戶佳切、音膎、加於足者曰鞵、　靴鞵　鞋襪

鞵草屨也、又履也、與鞋同、履爲之總名、

屨 上

居御切、音句、粗履曰屨、　草屨　履屝

屨拘也、所以拘足也、複下曰舄、禪下曰屨、又草屨亦曰屨、

袍 平

蒲褎切音軳衣之長者曰袍
同袍　袍子

裘 平

渠尤切音求以獸皮為衣曰裘
皮裘　裘葛

袞 上

古本切音滾天子之服曰袞
袞衣　華袞

袍長襦也丈夫所著下至跗者曰袍袍者包也所以包內衣也又同袍共事之人也

裘皮服也周禮中秋獻良裘季秋獻功裘以供天子祀天之服也

袞龍衣也卷龍繡於下幅一龍蟠阿向上天子享先王之服也通作衮

袍

裘

袞

袂 去

彌蔽切音襪衣袖曰袂、把袂 判袂

袂袖也論語短右袂所以便作事也、

領 上

里整切音嶺衣領也項亦曰領、領情 引領

領頸也領以蔽頸所以總領衣體為端首也引申為統領官領之領、

被 上 平

部皮切音罷被褥臥具也 綿被 被褥

被被也所以被覆於身也寢衣謂之被、又皮義切音髮覆也、如天被爾祿是、又攀糜切音披與披同荷衣曰披、

衲 入

諾荅切音納僧衣曰衲、老衲 衲子

衲補紩也僧衣曰百衲衣謂其集紩而成也故僧自稱曰敝衲又百衲琴名、

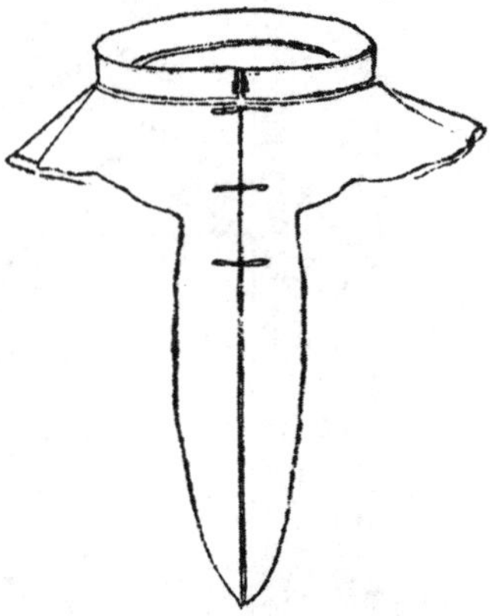

領衣

帕 去

普駕切音怕手巾曰帕、繡帕 帕首

帕所以抹額也古者以紅綃抹額軍中之服也謂之紅帕首今以執於手者曰手帕、

寸 去

倉困切、音村、去聲、一寸十分也、
尺寸　寸口

一黍為分、十分為寸、寸者忖也、言有法度可忖也、又人手下一寸動脈、謂之寸口、

尺 入

昌石切、音赤、一尺十寸也、
木尺　尺寸

夏以十寸為尺、殷以九寸為尺、周以八寸為尺、今裁尺從夏制、木工之尺、則沿周制也、又三尺刑具也、

翦 上

子踐切、音剪、截帛之刀曰翦、
裁剪　剪刀

翦羽初生也、爾雅翦齊也、南方人呼翦刀為劑、又淺緇之色亦曰翦、翦者淺也、俗作剪、

丈 去

呈兩切、音長、上聲、一丈十尺也、
方丈　丈匹

十尺為丈、十丈為引、又釋氏所居曰方丈、師席之間曰函丈、丈人長老之稱也、今俗稱妻之父曰丈人、

尺

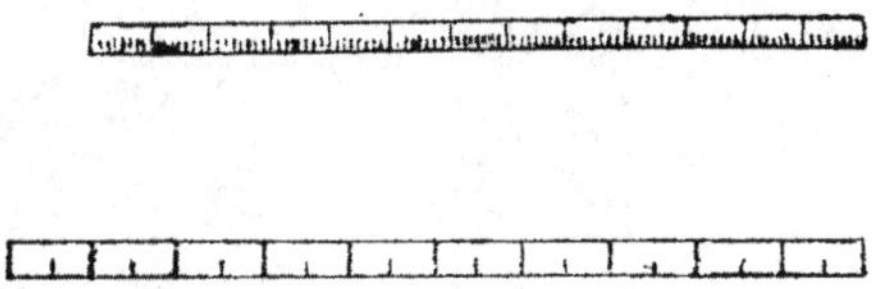

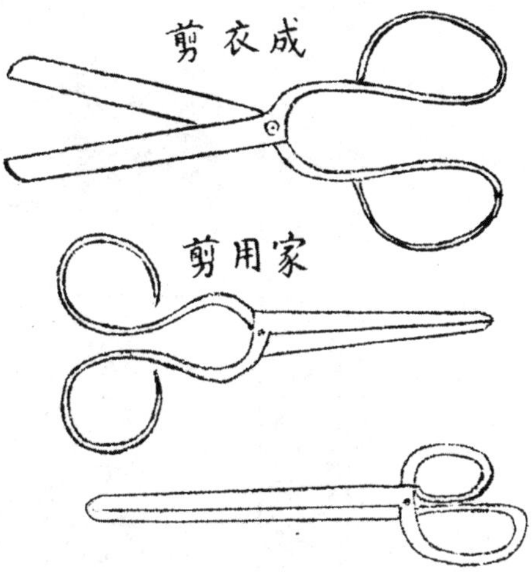

鍼 平

諸深切、音斟、所以縫衣者曰鍼、又指南針 南針 針綫

鍼所以縫布帛之錐也、又方書有鍼灸法、或作針、又其淹切、音箝、人名、詩子車鍼虎、

繡 去

息救切、音秀、鍼縷所紩曰繡、 綉花 黹綉

繡五采備也、古者畫繢之事五采備謂之繡、今以婦女色綵成文者謂之繡、

縫 平

符容切、音逢、以鍼引線曰縫、 縫衣 章縫

縫以鍼紩衣也、又彌縫、謂補合也、又房用切、音俸、衣縫也、

熨 去

於胃切、音慰、熨貼也、火紆物切、音爩、火斗曰熨 熨斗 熨熨

熨火展帛也、一曰熨斗、或作爩、本作尉、按說文、持火所以申繒者曰畏、今俗又加火作熨、讀作爩、

繡

裁 平

牆來切、音材、以剪截帛曰裁、 裁度 自裁

裁制衣也、度其尺寸而翦之曰裁、凡事之必先忖度者皆曰裁、又漢名、單衣曰通裁、又自裁、自殺也、

髻 去

吉詣切、音計、盤髮為髻、頭髻、髻笄

髻總髮也古者男女皆髻今男子編髮為辮惟女子盤髮為髻也、

兜 平

當侯切、音闘平聲、風兜、兜頭、披兜、兜帽

兜、鍪首鎧也古謂之冑取其蒙首之義也、今以帽有耳或披之者為兜、又借作肚兜之兜、

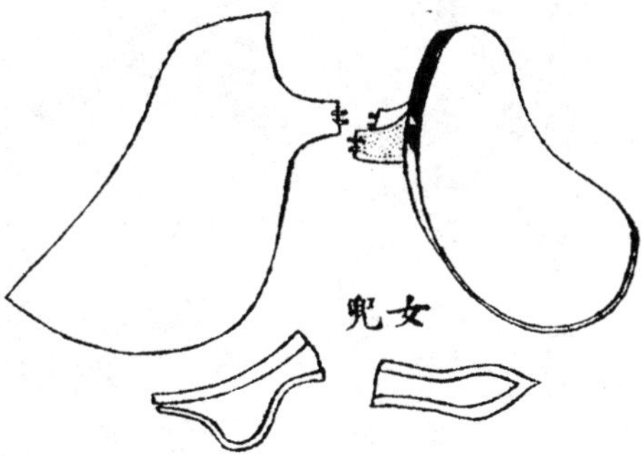

環 平

胡關切、音還、戴於耳者曰環、耳環、環佩

環璧屬、爾雅肉好若一謂之環、謂其邊孔相稱也、環者連屬不斷也、假借為耳環之環、因其形圓如環、取環佩之義也、

釧 去

摳絹切、音竄、所以飾臂者、曰釧、

釵釧　釧臂

釧臂環也、古男女同用、今惟女飾有之、其制金玉不一、亦名條脫、今俗謂之鐲、

釧

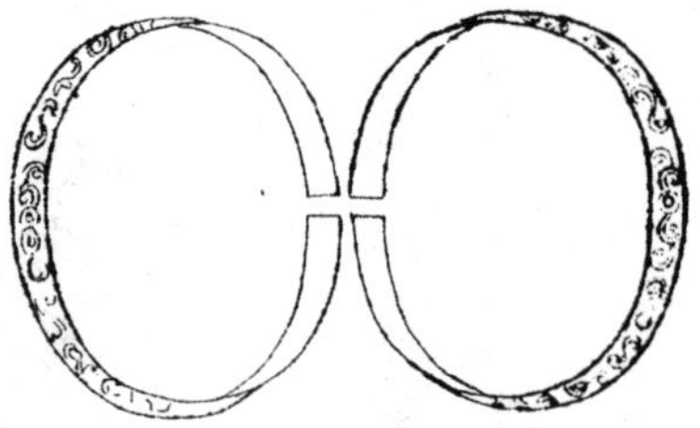

釵 平

初佳切、音义、婦人首飾也、

金釵　釵環

釵婦人岐笄也、戴於髮際兩旁、岐出似义之形、古本作义、後人加金以別之、又金釵股藥名、即石斛、

釵

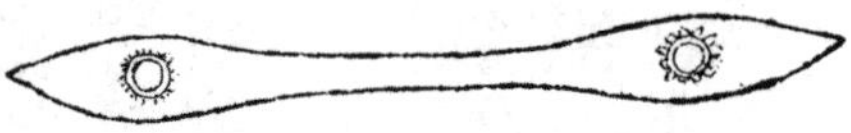

鐲 入

直角切、音濁、俗名釧曰鐲、

手鐲　鐲頭

鐲鉦也、形似小鐘、古者行軍用之、今俗以為約腕之名、

鐲

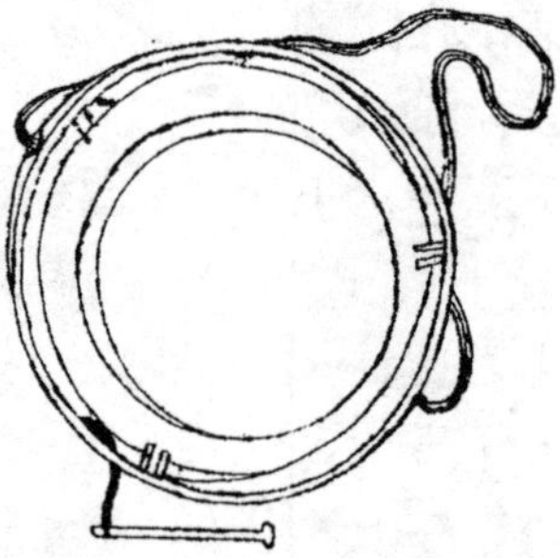

梳 平

山於切音疏理髮之具曰梳、木梳　梳篦

梳導也所以導髮者曰梳或作櫛梳篦之總名也、疏言其齒疏也、

櫛 入

側瑟切音節理髮之具曰櫛、櫛風　盥櫛

鏡 去

居慶切音竟取影之器曰鏡、銅鏡　鏡架

鏡影也言有光影也古以金類為鏡今用玻璃珢光可以照影、

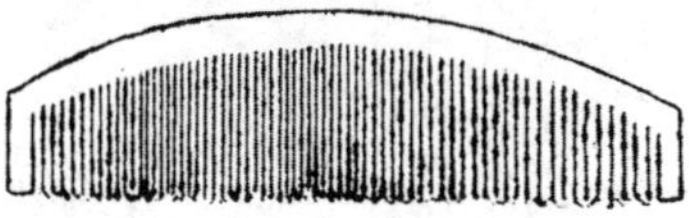

木梳

鑑 去

居懺切音監鏡也、金鑑　鑑察

鑑能照人故凡事之可以借觀者亦皆謂之鑑如鑑戒鑑觀者是、

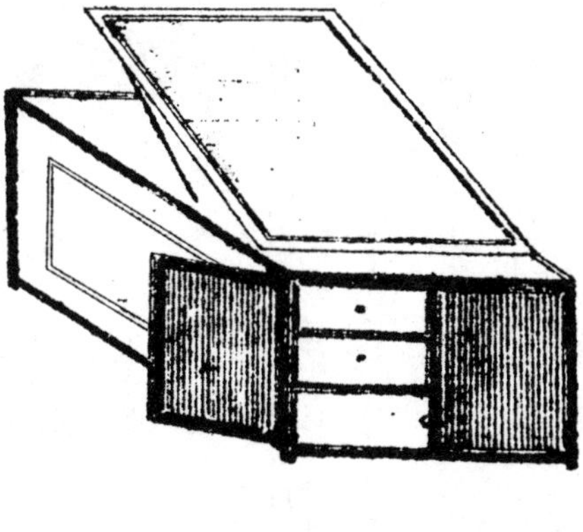

洋鏡

箕 平

堅溪切、音抵舁、南物之器也、箕 箕畢

箕、以竹為之後圓前缺、用以簸揚雜物、并所以掃取塵土也、

箕

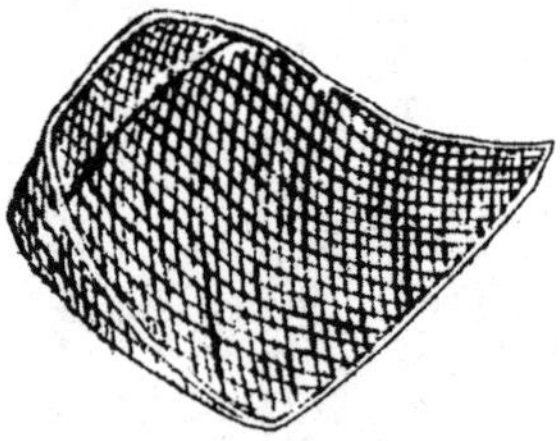

帚 上

止酒切、音歸、箕帚 帚柄

帚、糞也、所以帚除糞、穢也、古者少康初作箕帚、禮凡為長者糞之禮必加帚於箕、上、言弟子之職也、

帚

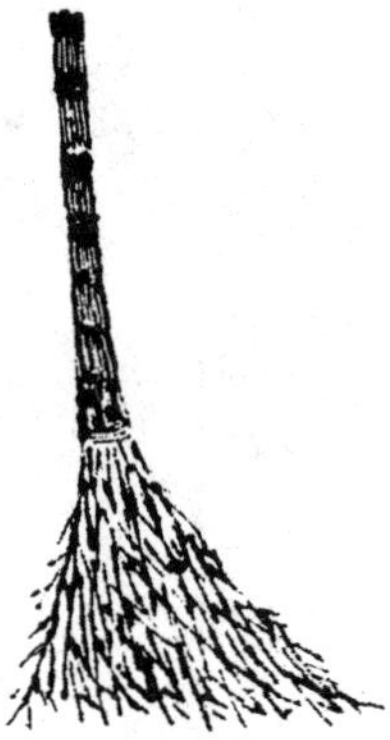

鍼 平 針

諸深切、音斟、縫衣之具也、金針 鍼砭

鍼與針同、引線以縫衣也、古者以砭石為針以治疾、故正人之過亦曰針砭、

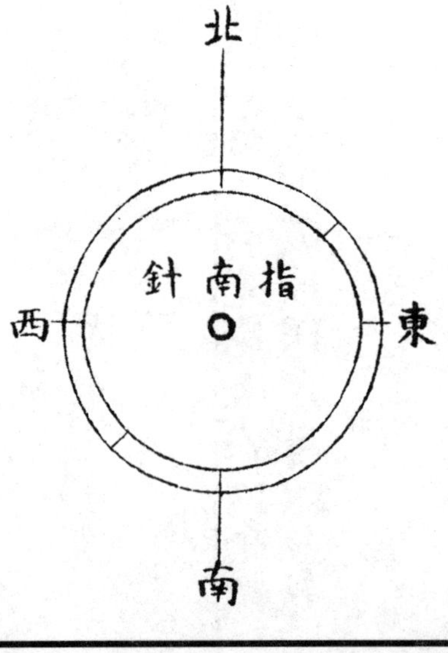

組 上

總五切、音祖、綬之薄濶者、曰組、

組綬　組織

組綬之小者、古以為冠冕之纓、今俗云帽帶是也、又組織也、如詩云素絲組之是、

佩 去

步昧切、音悖、玉之垂者、為佩、

佩帶　玉佩

佩、大帶也、佩必有巾、而飾以玉、所以示貴重也、古之君子、必佩玉、無故不去身、示勿忘也、故引申為佩玉之佩、

紳 平

升人切、音申、大帶之垂者、曰紳、

紳董　縉紳

紳、束也、以帶束腰、垂其餘以為飾也、謂之紳、紳為有位者之服、故士大夫曰縉紳、又曰紳士、

鈕 上

女九切、音狃、衣鈕也、

衣鈕　鈕扣

鈕、印鼻也、凡物之鉤連者、皆曰鈕、如門鈕、鐘鈕之類是也、假借為衣鈕之鈕、亦取鉤連衣襟之意、

佩

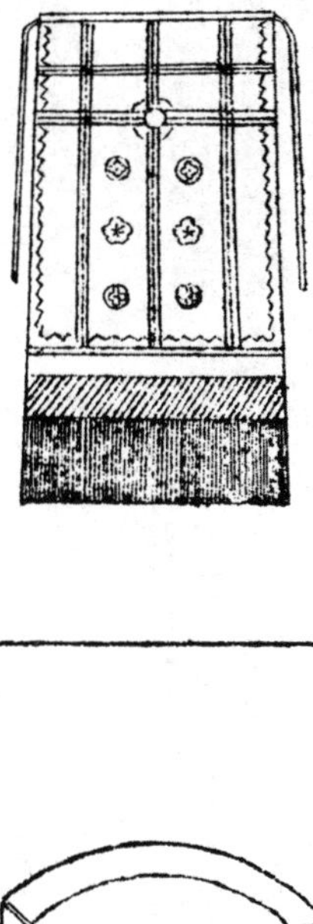

紳

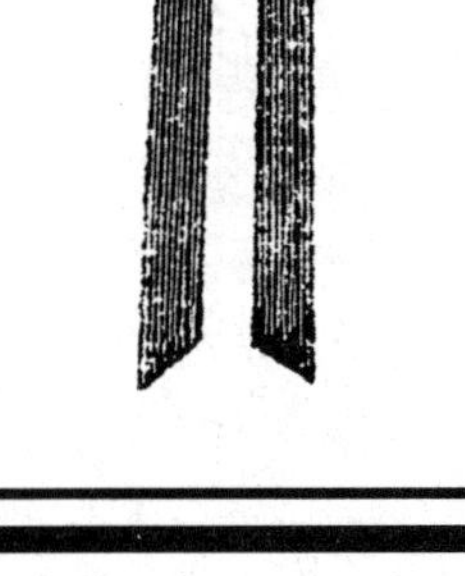

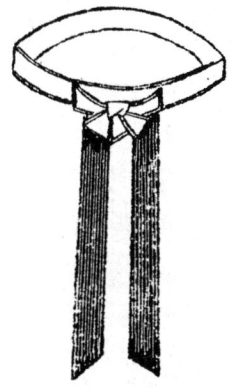

幅 入

方六切音福布帛之邊曰幅 邊幅 幅面

幅布帛之廣狹也四丈四尺兩邊曰幅幅以二尺二寸為度有一定不易之制也

樣 去

弋亮切音漾可為式者曰樣 式樣 樣子

樣式也凡物之有式者皆曰樣如榜樣模樣之類是又婦女針黹曰花樣

量 平

呂張切音良以尺寸度物曰量 測量 量度

量度也如測地曰量衡物曰量較其長短亦曰量評其多寡亦曰量皆量度之謂也又力仗切音亮斗斛之總名曰量

件 去

其輦切音乾去聲分數曰件 條件 件頭

件分也如名件條件是俗號物件數曰若干件如衣服亦分其件數是

式 入

設職切音識可為樣者曰式 格式 式子

式法也凡事之可法者皆曰式如格式樣式之類是又車前橫木曰式謂人所憑依而式敬也

量

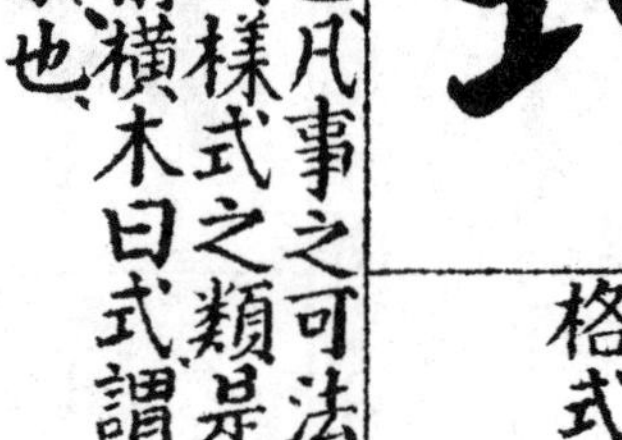

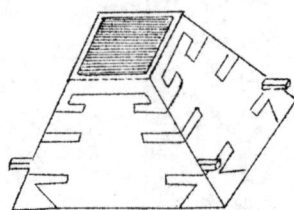

鎖 上

損果切音瑣所以鎖鍵門者曰鎖、銅鎖 鎖簧

鎖扃閉之具也門鍵謂之鎖又長鎖曰琅鐺、

鑰 入

弋灼切音藥所以啟鎖者曰鑰、鎖鑰 鑰匙

鑰本作闟闗下牡也戶鑰自闗而西謂之鑰引申為鎖鑰之鑰、

棋 平

渠宜切音其象棋、圍棋、棋子 棋、譜

棋、或作碁通作棊棊者方正之名古時稱博弈之事為棊、

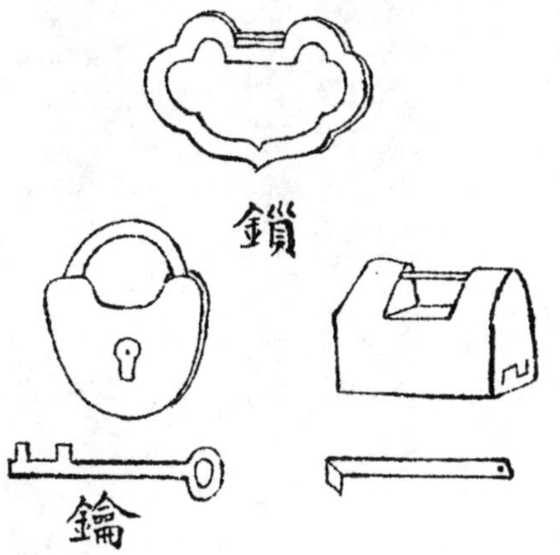

笄 平

堅奚切音雞頭笄婦人之冠也 冠笄 笄禮

笄簪也笄有二一是安髮之笄、古者男女皆用之一是為冠笄、皮弁爵弁、笄古惟男子用之今惟婦人用笄嫁而後加笄即古者女子十五許嫁則笄之義也

簪 平

緇深切、音瓚、壓於髮者、曰簪、玉簪 簪纓

簪首笄也古者男人用之所以連冠於髮也今婦人之簪即古之釵俗又名為壓髮、

槖 入

他各切音柘囊兩端通者曰槖 私槖 槖桕

槖囊也囊無底曰槖或曰槖兩端有口可縫加者也又槖桕盛衣食之器也

鉤 平

居侯切音溝曲鉤也 簾鉤 鉤子

鉤鐵之曲者也凡懸物者曰鉤鉤物亦曰鉤

繩 平

神陵切音乘小者曰繩 準繩 繩墨

繩索也小於索者曰繩繩墨即今木匠之墨斗朮不正者以繩正之謂之繩墨

囊 平

奴當切音瀼縫布帛為袋曰囊 宦囊 囊槖

囊槖也以布帛為之所以盛物者大曰囊小曰槖一曰有底曰囊無底曰槖

鉤

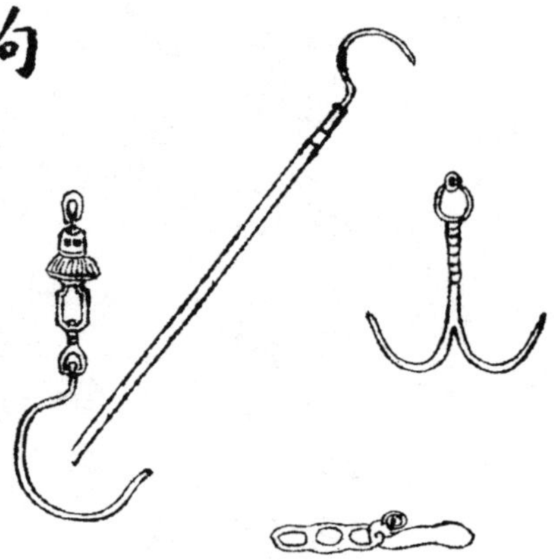

繩

器 去

古冀切音氣所以盛物者曰器 器械 機器

凡器有所盛者曰器無所盛者曰械器所以容物故引申為器具度器量之器人生日用莫重於器故為器重之器

几 上

居里切音寄上聲說文踞几也 几席 憑几

几人所凭倚也古者天子玉几凡公侯皆用竹木大夫致仕則授几杖又几几安重貌

匾 上

補典切音編上聲懸額曰匾 匾額 號匾

匾扁也凡器之薄者曰匾如堂匾號匾之類是也又不圓貌通作扁

對 去

都內切音碓答問曰對凡物並峙亦曰對 應對 對畫

對答也有問則對對所以應其問也引申為對面對待之對假借為對聯對畫之對

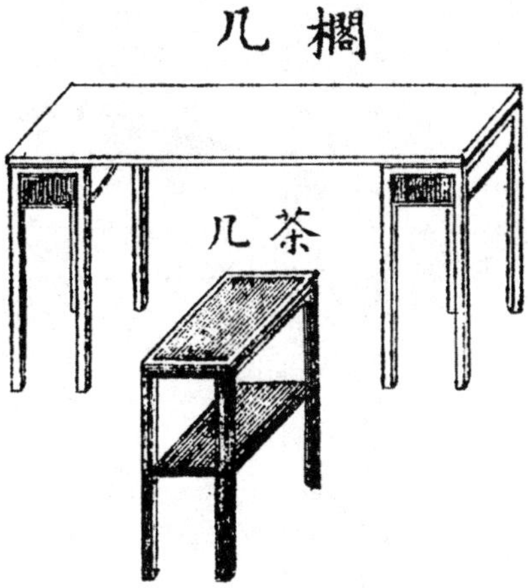

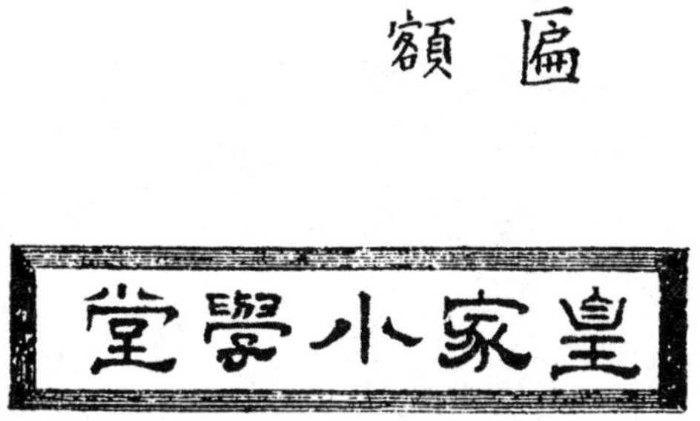

去

案

於幹切，音按。又几案也，通作按。公案　案牘

案所凭之几也。讀書曰書案。辦公曰公案。引申為案牘、案卷之案，如訟獄論定曰案。著書起義亦曰案。

案

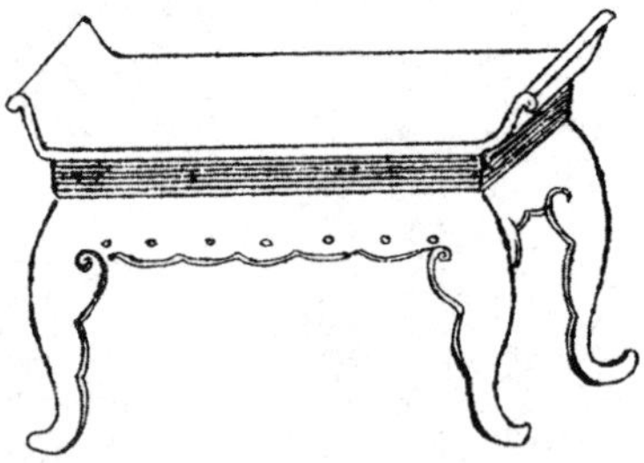

桌

入

側角切，音涿。几案之總名。圓桌　桌椅

桌與卓同，高也。俗呼几案曰桌。又謂長者曰几，方者圓者曰桌。

桌

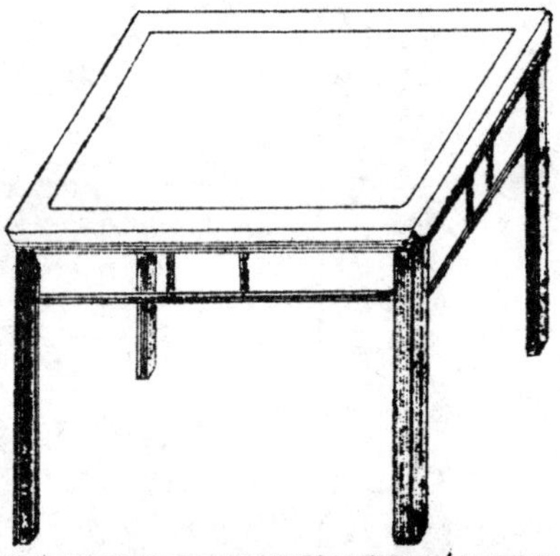

去

漏

郎豆切，音陋。滲也。屋漏　漏斗

古時報時之具，亦名曰漏。範銅為壺，以銅壺受水刻節，以報時。一日夜共百刻。又用以過水者名曰漏斗。

盛水漏斗

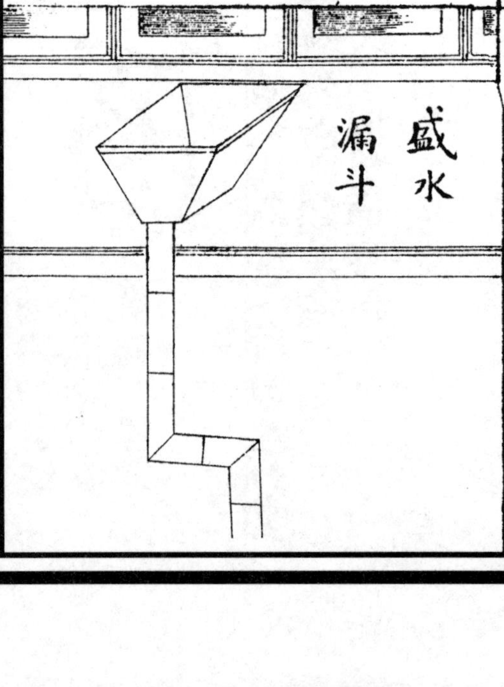

榻 入

託甲切音塌小於牀者曰榻、臥榻　榻牀

榻牀也牀狹而長謂之榻、

榻

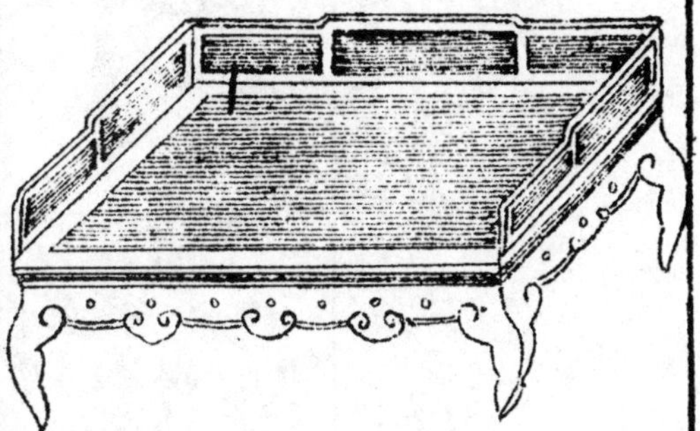

炕 去

口浪切音抗北地煖牀曰炕、煖炕　炕榻

炕炙也舉物於火上以炙之謂之炕北地以土為牀冬日苦寒舉火炙之故名曰炕、

匳 平

力鹽切音廉婦人妝具也俗名鏡箱、香匳　匳具

匳本作籢鏡籢也今作匳盛香之器曰匳俗作奩、

牀 平

助莊切音狀平聲人所坐臥曰牀、眠床　牀帳

牀安身之具也八尺曰牀俗作床、

牀

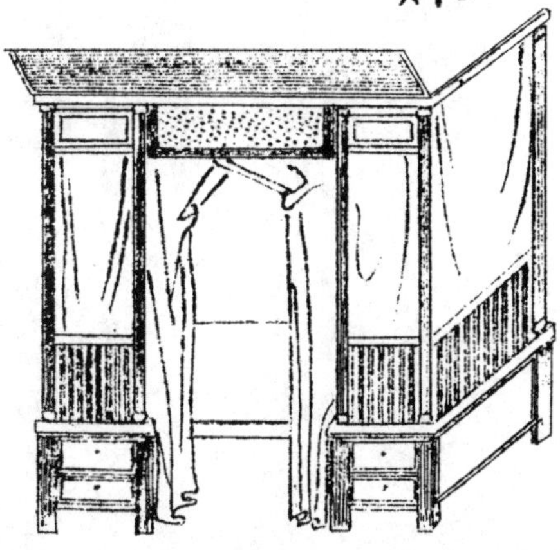

上 **椅** 平

隱綺切音倚、坐具後有倚者曰椅、 桌椅 椅子

俗呼坐凳為椅子、於宜切音猗木名、木之梓實桐皮者曰椅、

椅

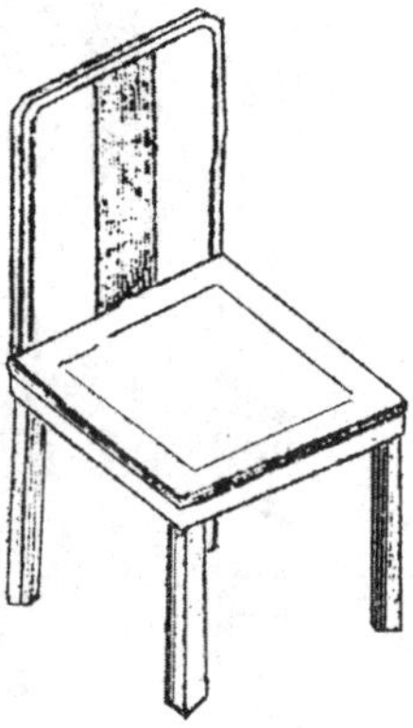

去 **凳**

丁鄧切音鐙、人所坐者曰凳 桌凳 凳椅

凳、牀屬、或作橙、几屬、

凳

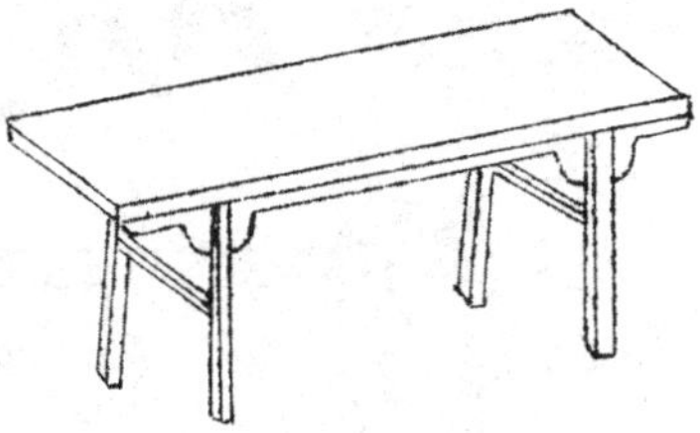

帷 平

于嬀切音為、四旁圍幛者曰帷 幨帷 帷裳

帷圍也、所以自障圍也、在旁曰帷、四旁及上亦曰帷、又帷裳、正幅如帷無殺縫者是也、以帷幛車之兩旁亦曰帷裳

帷

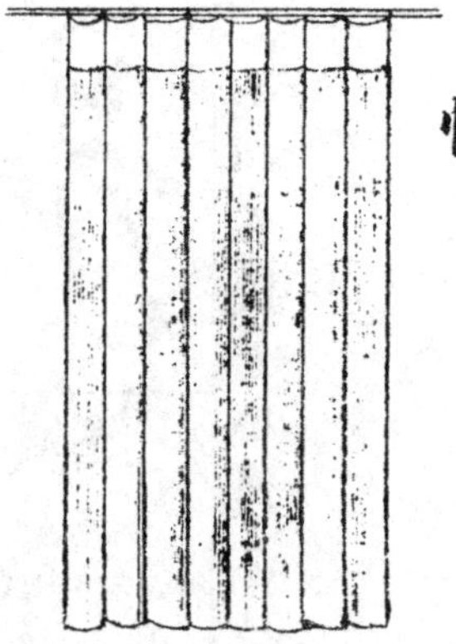

簾 平

離鹽切，音廉。編竹曰簾。竹簾　簾籠

簾，廉也，自障蔽為廉恥也。古者天子外屏，諸侯內屏，大夫以簾，士以帷。

窗簾

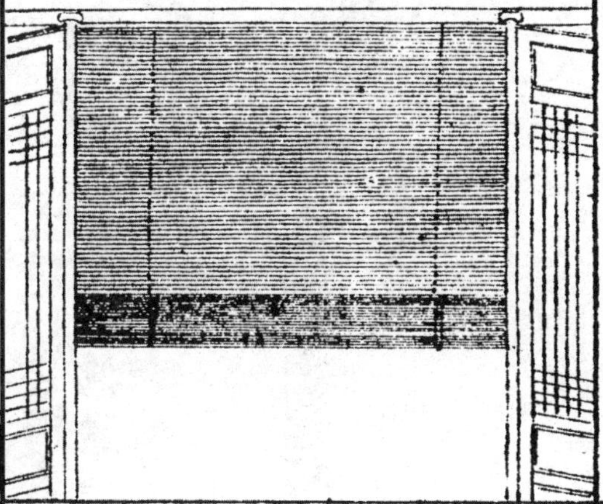

氈 平

諸延切，音旃。揉毛成片曰氈。冷氈　氈毯

氈，撚毛也。或曰揉毛成片，故謂之氈。作氈之法，春毛秋毛和秋毛堅硬，春毛軟弱，獨用太偏，是以須雜用之。不必厚大，惟緊薄均調為佳。

氈毯

毯 上

他敢切，音菼。以毛織席曰毯。毯子　洋毯

毯，毛席也。雜牛羊毛為之。西人有以絨織成者，其值甚昂。

毛毯

去 **扇**

式戰切、音羶去聲、所以拂暑者、曰扇、　羽扇　扇動

扇箑也、自關而東謂之箑、自關而西謂之扇、又扉也、户扉曰扇、

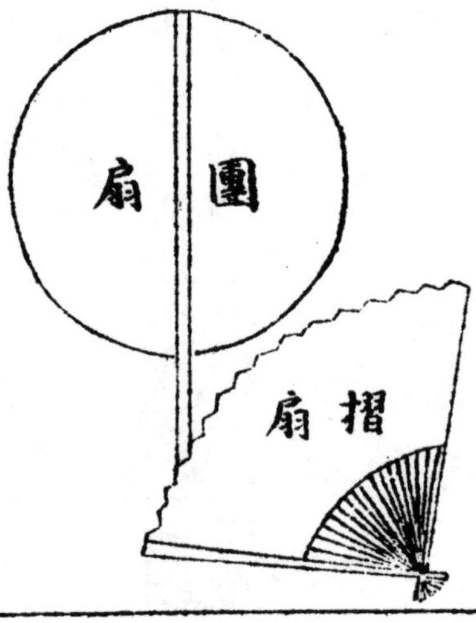

上 **傘**

蘇間切、音散、所以張蓋者、曰繖、　雨傘　傘蓋

繖、絲綾也、今假作繖蓋字、今制繖蓋亦分品級、又笠類、今俗稱雨繖、俗作傘、

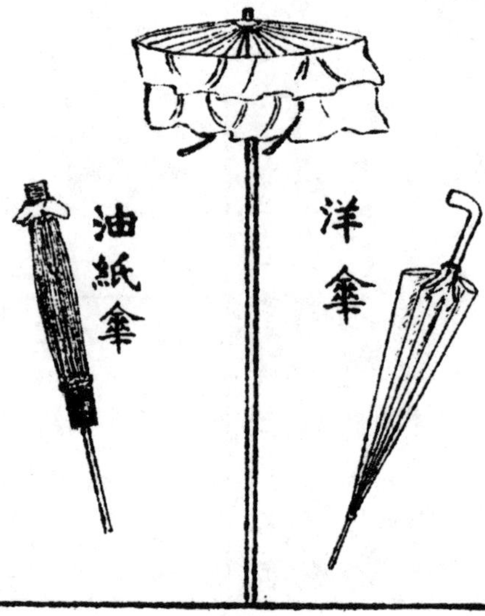

上 **枕**

章荏切、音斟上聲、臥薦首者、曰枕、　衾枕　枕席

枕薦也、所以薦首也、又車前橫木曰枕、爾雅軫謂之枕、又魚腦中骨曰枕、爾雅魚枕謂之丁、

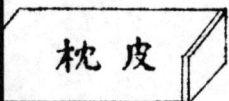

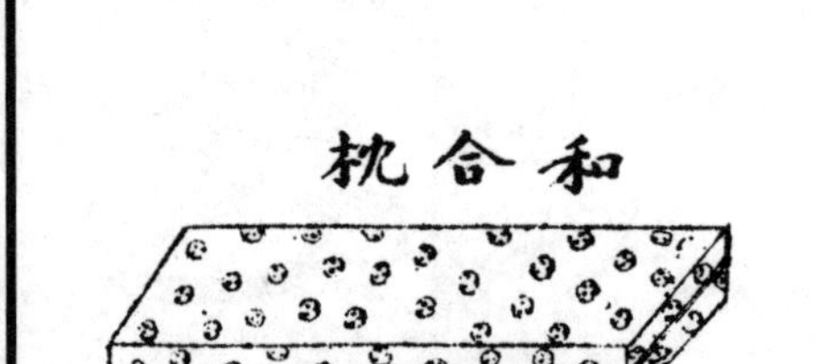

箱 平

思將切、音廂、似匣而大者、曰箱、

皮箱　箱子

箱大車牡服也車內容物處為箱、假借為箱篋之箱、又與廂通、室之東西曰箱、言似箱篋之形也、

筐 平

曲王切、音匡、盛物之竹器曰筐、

竹筐　筐筥

筐飯器也方曰筐圓曰筥、又傾筐畚屬、

笥 去

相吏切、音伺、竹箱謂之笥、

竹笥　笥簏

笥竹箱也、圓曰簞方曰笥書惟衣裳在笥、

皮箱

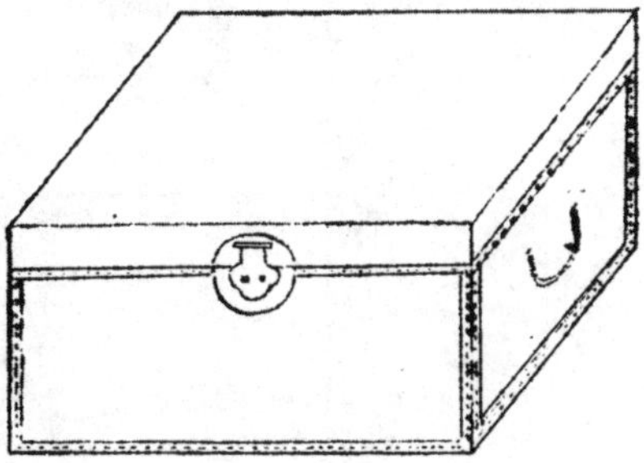

筐

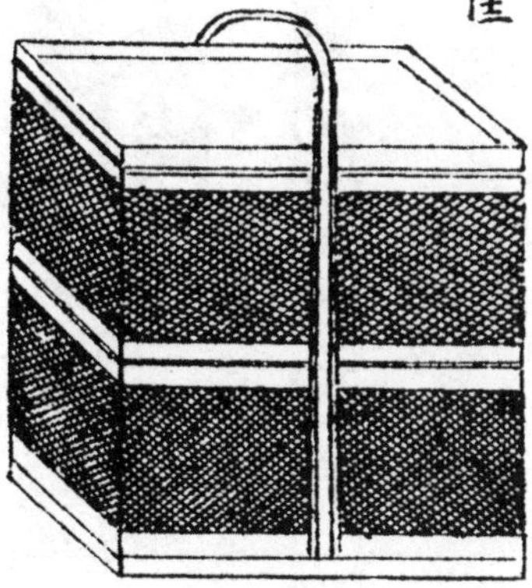

笥

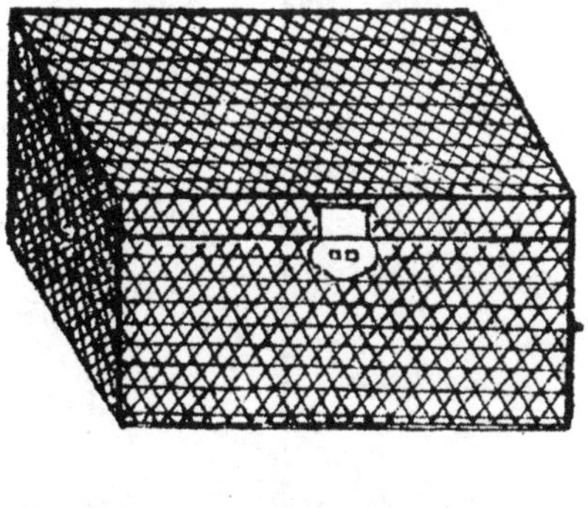

匣 入

胡夾切、音狎、鏡匣、匣子

匣、箱匣也、似匱而小者曰匣、

帖匣

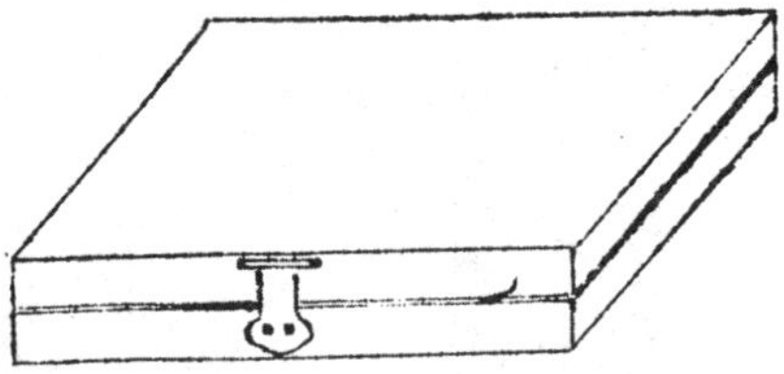

籠 平

盧紅切、音櫳、盛土之器也、藥籠、籠絡

籠、土轝也、以竹為之、

鳥籠

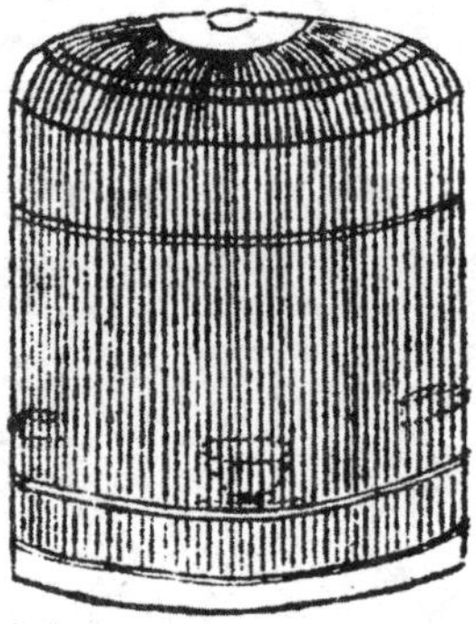

籃 平

盧堅切、音藍、盛物之竹器可提者、花籃、籃輿

籃、大筐籠也、

籃

柝 入

闥各切音託所以守夜者曰柝

擊柝　柝弛

柝夜行所擊者古者判兩木夾於門為機相擊以警夜謂之柝今專司其職者謂之支更俗謂之打更又謂之梆

柝

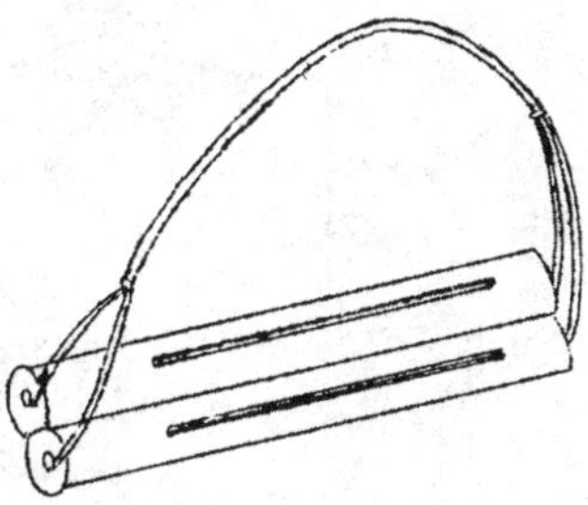

杖 上 去

呈兩切音丈持行之具曰杖又音丈去聲持也與仗同

几杖　杖者

杖老人所以扶行也古者大夫七十而致仕賜之几杖又桐杖竹杖居喪之禮也又五刑之屬有杖杖木梃也

刑杖

拐杖

筩 平

徒東切音同竹器之圓者曰筩

碧筩　筩杯

筩竹筒也黃帝截竹為筩制十筩管以為律本今俗以名器

筩

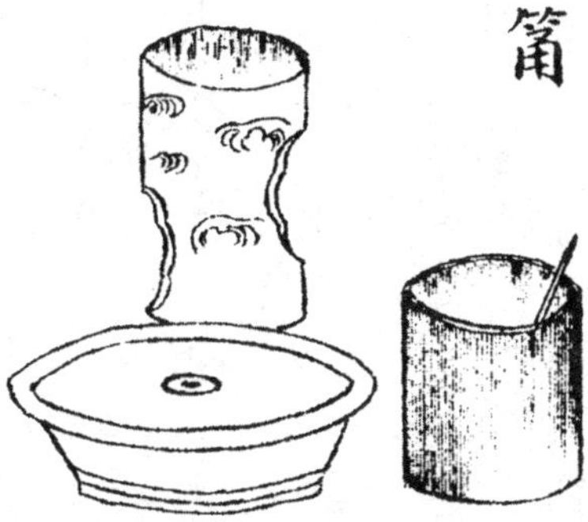

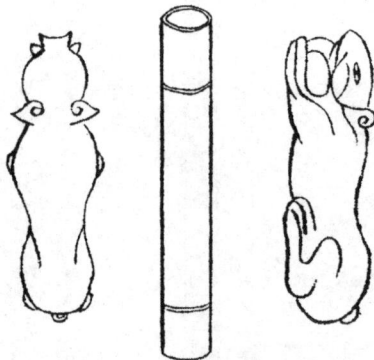

籌 平

除留切，音儔，所以計物者曰籌。竹籌　籌畫

籌矢也、如禮云笠前籌八十是也、引申為籌算之籌、故凡計物數之多少者皆曰籌、

狀元籌

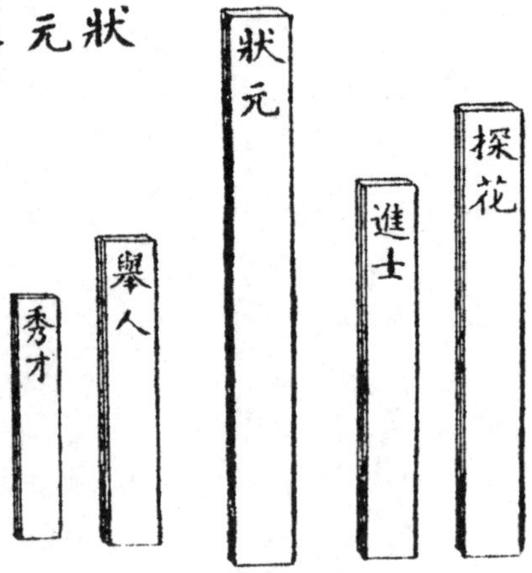

準 上

主尹切，音肫上聲，所以持平者曰準。平準　準頭

準、平也、所以揆物使平正也、又樂器也、漢京房所作、以定律數、又朱劣切、音拙、鼻頭曰準、

平準尺

符 平

逢夫切，音扶，所以為信者曰符。又符籙，即神符也。符合　畫符

符信也、以竹為之、分為兩半、合而為一、各持其半以為信、如今之折券是也、故凡事之相同曰符合、又符籙、黃帝時西王母所授、今道家用之、

符

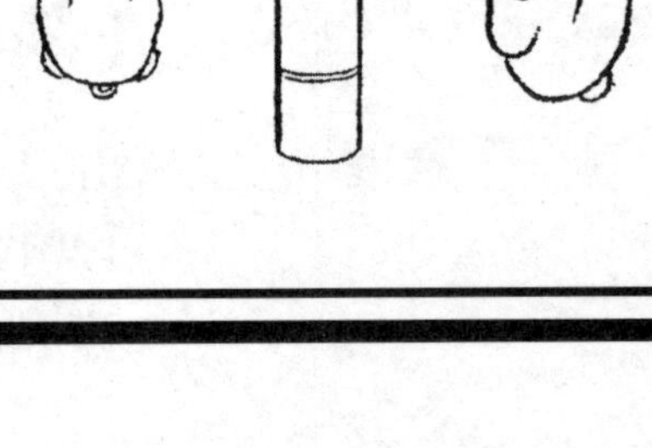

甕 去

烏貢切、音瓮去聲、大瓶也、瓶甕　甕牖

甕身大而口小、貯酒水之器也、

甕

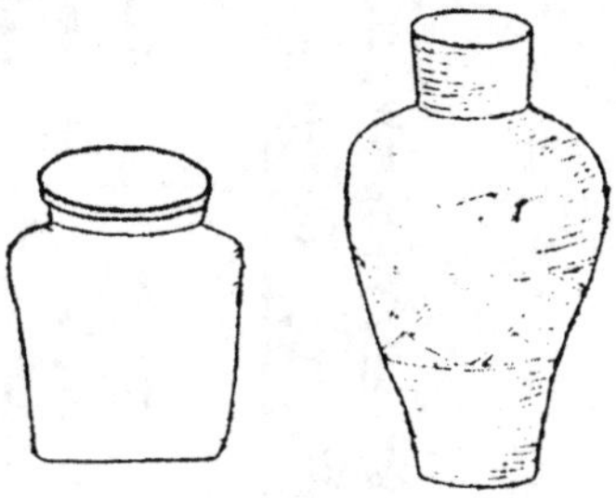

缸 平

胡江切、音降、瓦器之大者、曰缸、瓦缸　缸甏

說文缸瓨也、似甕長頸大口、受十升、瓦器為罋瓶也、

缸

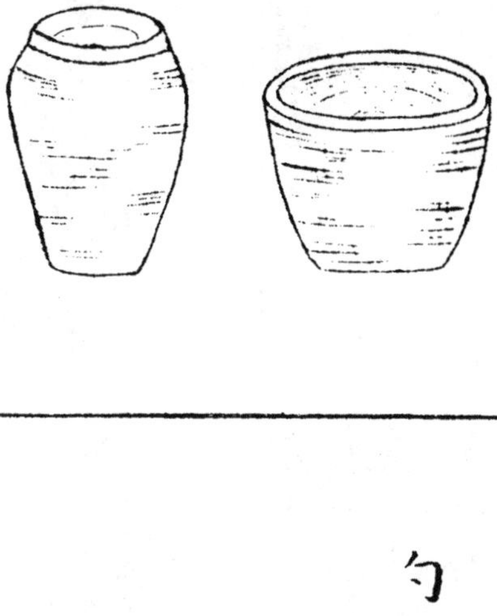

勺 入

職畧切、音灼、抄瓢屬也、一勺　勺酒

勺挹取之器也、象中有物之形、如今之匙是、又舞勺樂名、又量名、十勺為合、十合為升、

勺

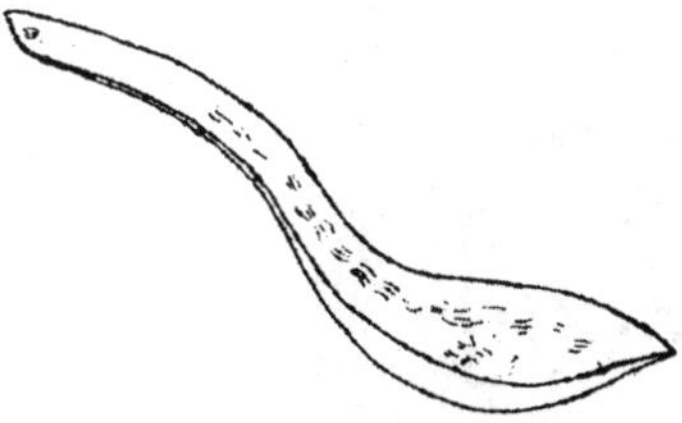

桶 上

他孔切音通上聲木器之圓形者曰桶、 弔桶 提桶

桶木器之方者受六升盛黍稷之器、今俗以木器之圓者為桶

杼 上

丈呂切音除上聲梭也、 機杼 杼柚

織之所以行緯者、

索 入

昔谷切音襍大繩曰索、 八索 索子

索本作索草有莖葉可作繩索者、一曰大者謂之索小者謂之繩、一曰麻者曰繩草者曰索、又八卦之說謂之八索、

桶

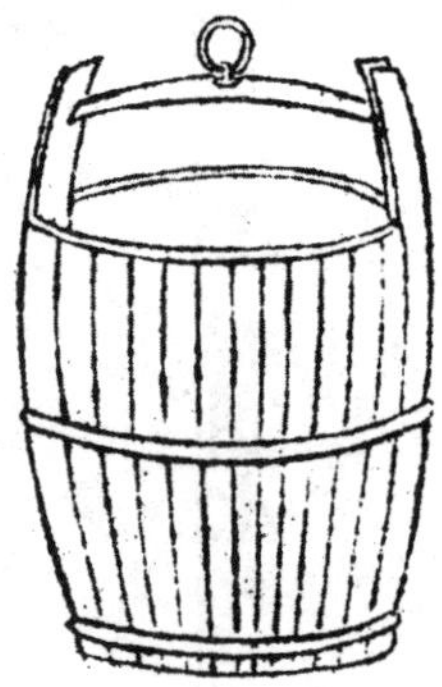

燭 入

朱欲切音囑、 燭星 燈燭

燭所以照物也、古者庭燎後世易以燭、以供祭祀之用、又四時和謂之玉燭、又星名、燭星狀如太白、亦名歸邪、

鐙 平 燈

都騰切音登、 電鐙 鐙火

鐙錠也、錠中置燭故謂之鐙今俗作燈非中國燃油作鐙西國以煤氣引火有電氣鐙自來火之名、 又丁鄧反音嶝鞍鐙馬鞍兩旁足所達也、

壺 平

洪孤切音胡 貯酒器也、酒壺 壺漿

夏商曰尊彝周制曰壺又有方圓之異投壺之壺乃壺之似瓶者、

壺

鍾 平

諸容切音鍾 小杯也、萬鍾 鍾離

鍾、壺屬漢大官銅鍾即壺也今俗呼為酒鍾、又量名六斛四斗曰鍾又龍鍾竹名故引申為老者之稱、

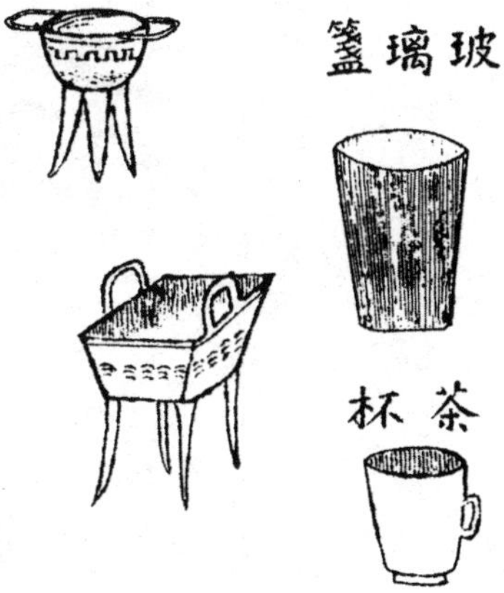

杯 平

布回切音卑皆字之平聲、酒杯 杯箸

杯、酒器也周禮有玉敦即今之杯盂也古作桮俗作盃、

盞 上

阻限切音醆酒杯之小者 燈盞

盞小杯也

觴 平

尸羊切音商、酒卮之總名、又觶實曰觴、

壺觴　觴政

觴、酒器也、凡諸觴形製皆同、升數則異、一升曰爵、二升曰觚、三升曰觶、四升曰角、五升曰散、總名曰爵、其實曰觴、觴者、餉也、故飲人以酒亦曰觴、

箸 去

治據切音宁、飲具也、

借箸　箸席

箸即筯、俗謂之筷、

椀 上

烏管切音剜上聲、所以盛飲食者曰椀、

盤椀　椀筷

椀、小盂也、宋楚衛之間盌謂之椀、或作㼝、俗作椀、

鉢 入

北末切音潑、盛食物之器、

缸鉢　鉢頭

佛家自釋迦相傳有一衣一鉢、世世相付受、故今家學相傳亦曰衣鉢、

盝 入

盧谷切音祿、所以藏物者曰盝、

脂盝　盝子

盝、櫝匣小者曰盝、宋史皇帝承天受命之寶納於小盝、又脂盝、妝具也、又去水曰盝、通作漉、

盒

胡閤切音合、盤之有蓋者、

果盒　盒盤

盒、覆也、盤屬之有覆者曰盒、

盂 平

羽俱切、音于、盛酒飯器、 水盂 盂椀

楊子方言宋衛楚之間盌謂之盂、又酒器名、

盂

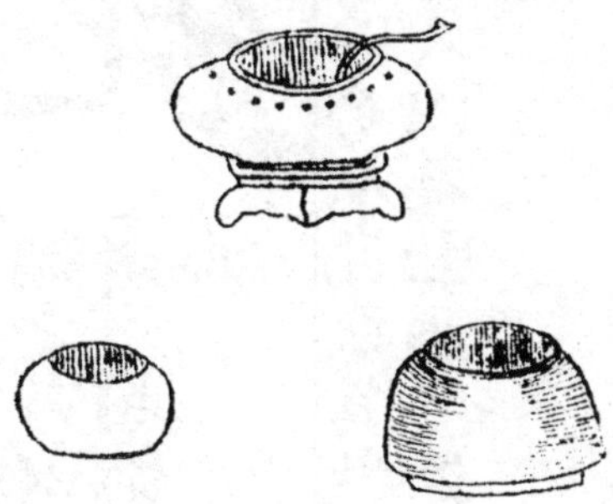

盆 平

蒲奔切、音蓬、碗之淺者 銅盆 盆湯

盆瓦器也、自關而西盂謂之盆也、又覆盆子、藥名、

面盆

花盆

盤 平

蒲官切、音畔平聲、盛物之器也、 算盤 托盤

盤盛物之器也或木或銅錫為之、又俗稱盂亦名曰盤、又珠算之盤名算盤、又首出御世者、曰盤古氏、

算盤

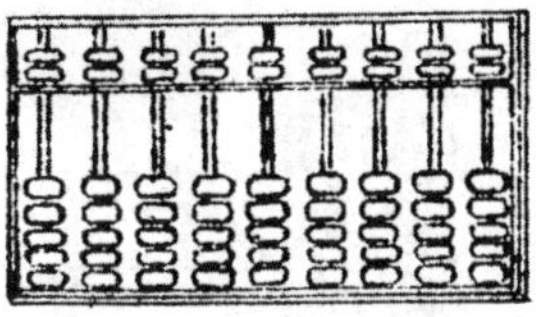

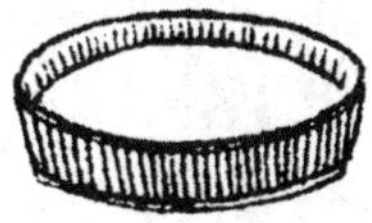

匏 平

蒲交切音庖、瓜類之可以為器者、 陶匏 匏瓜

說文匏从夸从包、取其能包藏物也、古人以為貯酒之器、

匏

瓢 平

毗招切音飄飲器之以匏製者、 酒瓢、 瓢梗、

瓢、即匏之判以為飲器者、

瓢

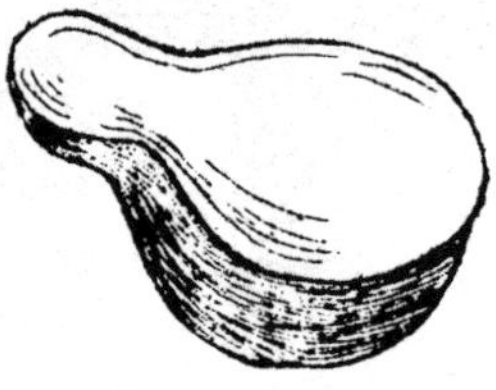

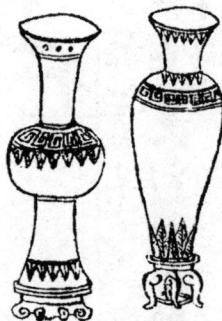

瓶 平

旁經切音萍小罋也、 酒瓶 瓶罌

瓶、古人以陶土為之以貯酒漿者後人有以金玉為之者、

瓶

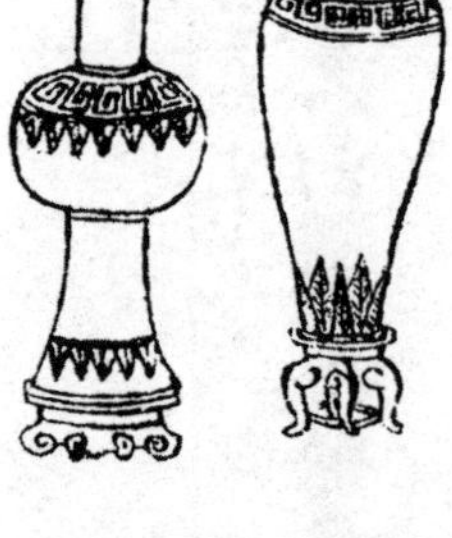

鍋 平

古禾切、音戈、煮食器也、 銅鍋 鍋灶

引擎中用以貯水者曰水鍋、貯汽者曰汽鍋、

鑪 平

籠都切、音盧、鎔物燃火器也、 銅鑪 鑪火

鑪之製不一、化學家所用曰鍊鑪、取以取煖者曰火鑪、又有手鑪、腳鑪等名、

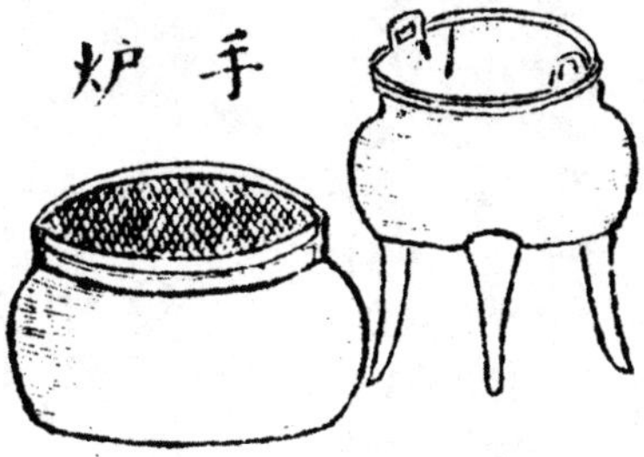

釘 平

當經切、音丁、所以釘物者曰釘、丁定切、音矴、以釘釘物也、 鐵釘 釘子

釘連物之具也、竹頭木屑皆可為之、今外國所造洋釘、其用尤廣、又有螺絲釘、尤善於結連堅物

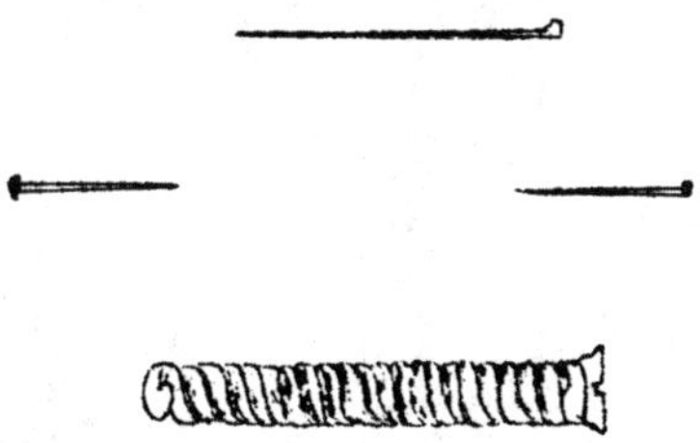

去

鋸

居御切音據所以解截者曰鋸
刀鋸 鋸子

鋸刀鋸也古史攷孟子作鋸鐵葉為齟齬其齒一左一右以片鋸木石也
又古以刖刑用鋸、

鋸

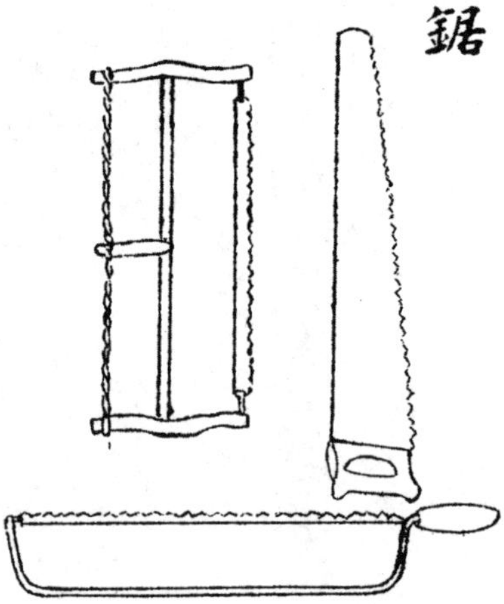

鑿

入

疾各切音昨穿木之器曰鑿、
斧鑿 鑿井

鑿鑿也古史攷孟莊子作鑿用以穿木石也、 又五刑黥刑用鑿、 又鑿鑿光潔貌、

鑿

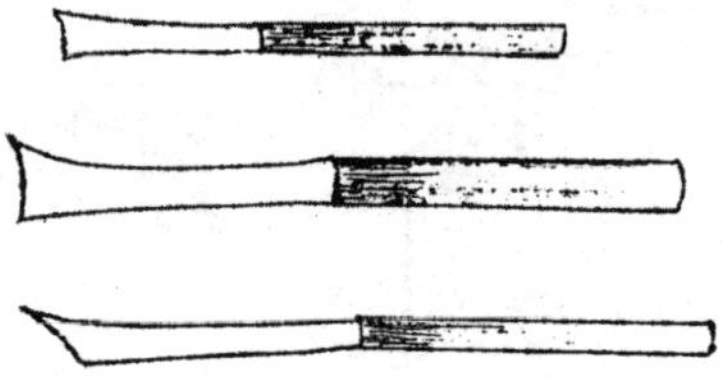

椎

平

直追切音追所以擊物者曰椎
鐵椎 椎魯

椎擊也以木或鐵為之所以擊物也通作槌、

椎

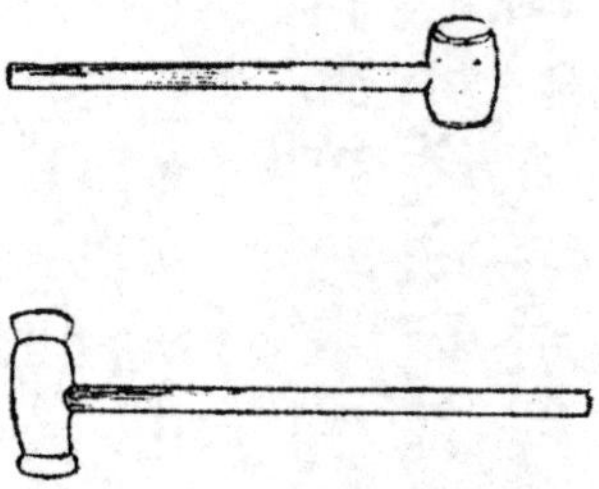

囷 平

區倫切音箘廩
之圜者曰囷、
米囷　囷倉

囷圜廩也、从禾在口中、
之圜曰囷方曰倉、
又輪囷屈曲盤戾貌、
又星名、天囷十二星主倉廩之
屬、

囤 平

杜本切音頓盛
穀圜囤也、草
囤　米囤

地上為囤小廩也、本作⿱竹屯判竹圜以盛
穀者、或編草為之、俗曰米囤、

斛 入

胡各切音觳、古
斛十斗、今斛五
斗、斗斛　斛
子

斛十斗量也古以銅為之容十
斗、今制以木為之容五斗、口方
六尺六分、底方六尺六寸、高一
尺一寸七分、

架 去

音駕、所以擱物
者也、
閣架　筆架

居迓切、置物之器具也、引申謂
事物之有結構者皆曰架、

囤

斛

升 平

書烝切音陞升者登合之量也

斗升　升平

升亦量名十合為升十升為斗又布八十縷為升又卦名又民有三年之儲曰升平又升者降之對也

升

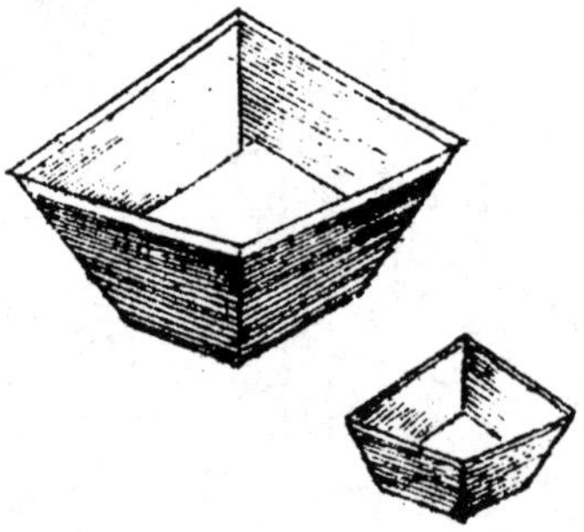

權 平

逵員切音拳所以稱物者曰權

權稱錘也所以平物之輕重者也又經權猶經紀也又攝官曰權即今之署理也又與顴通兩頰曰權

權

籤 平

千廉切音簽所以檢物者曰籤

掣籤　籤詩

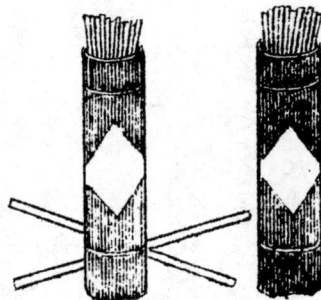

籤檢也物不易檢用籤以標識之所以驗其是否也如卜者之用竹籤亦此意也又典籤官名

籤

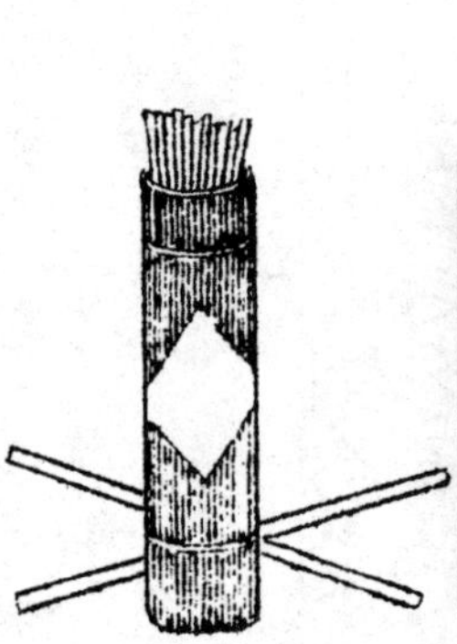

規 平

居爲切音雉所以爲圓者、曰規、
子規　規例

規、正圓之器也、凡物之不圓者、以規正之、無不成圓形、故以法正人亦曰規、

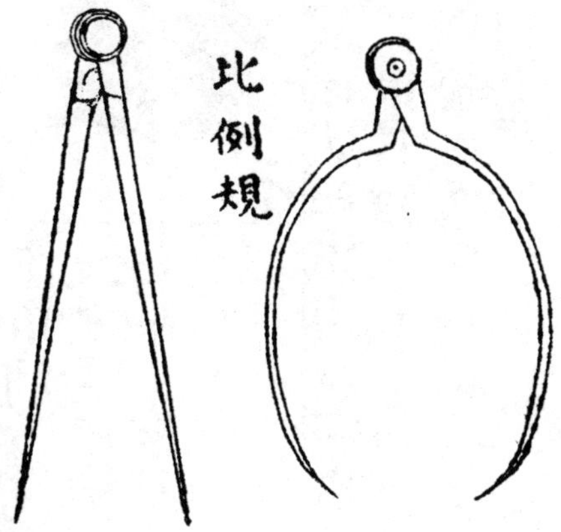

比例規

矩 上

果羽切音瑀所以爲方者、曰矩、
規矩　矩步

矩、正方之則也、方出於矩、矩成於句、句與股合、則成方形、

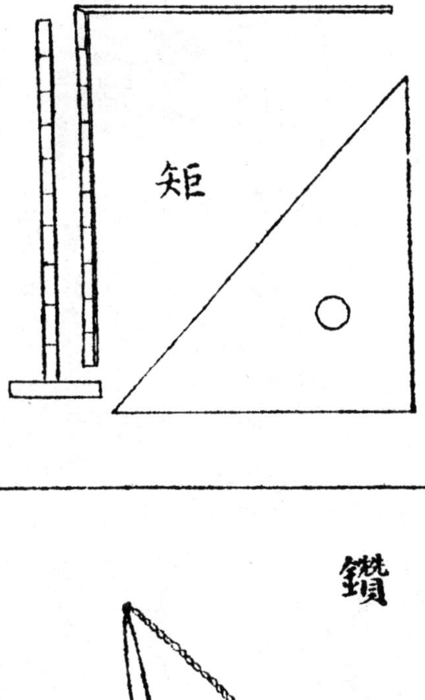

矩

鑽 去 平

祖官切音劗穿物之器曰鑽、用之穿物、亦曰鑽、
銅鑽　鑽石

鑽、所以穿木也、凡深入者皆用鑽、史記施鑽如逢蠆、言其銳利也、又五刑臏刑用鑽、

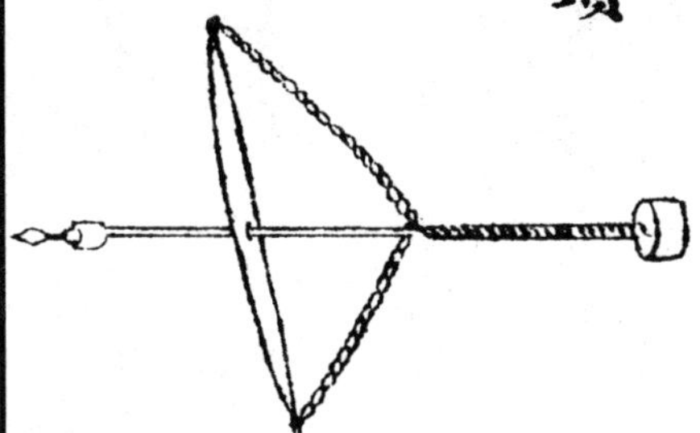

鑽

錐 平

朱惟切，音隹，尖銳之器曰錐。
毛錐　錐刀

錐，銳器也，狀如鍼，用以鑽木石之具，蓋取其錐利也，故名曰錐。又毛錐，筆也。又金鏃翦羽之矢也，亦謂之錐。

錐

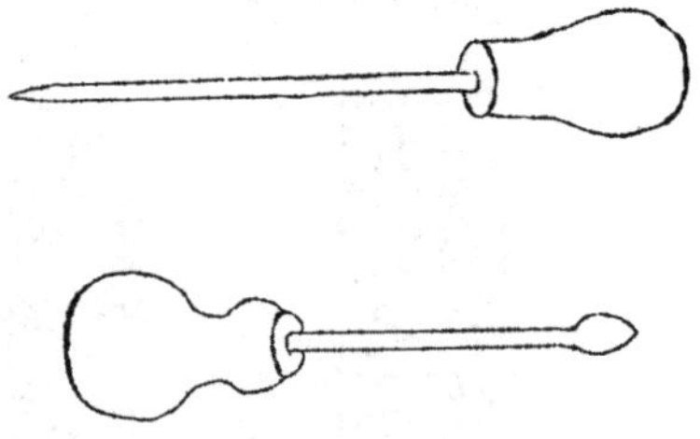

鑷 入

尼輒切，音聶，所以箝物者曰鑷。
鑷子　箝鑷

鑷，攝也，所以攝取物也。本作銸。古者拔髮之具，今俗名箝子。

鑷

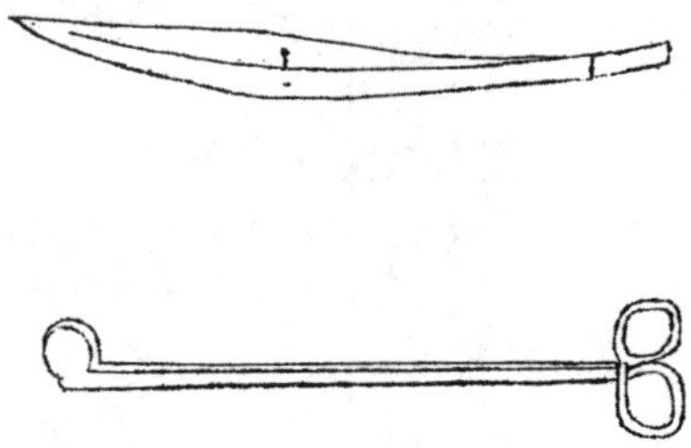

鉋 去

皮教切，音炮，所以平木者曰鉋。
鉋花　鐵鉋

鉋，平木之器也。狀如鏟，銜木匡中，不令轉動。木匡有孔，旁兩小柄，手反復推之，木片從孔出，用捷於鏟。俗讀若袍，通作刨。

鉋

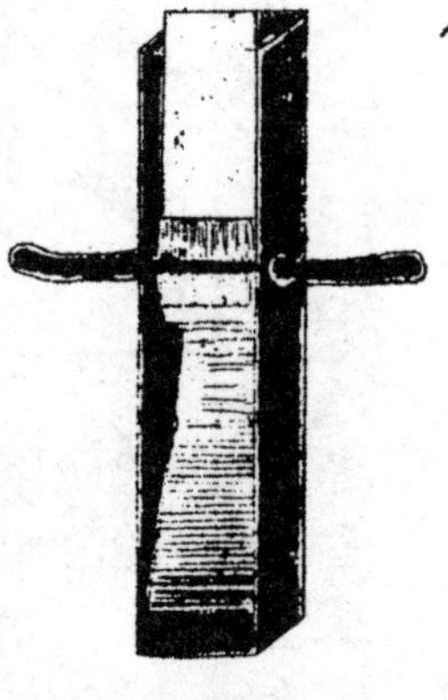

上 **鞅**

倚兩切音怏、馬頸之組曰鞅、
鞅掌

鞅、勒馬之帶也、絡於馬頸、用以繫鈴、馬行則鈴鳴、其聲煩亂、故俗語以事煩曰鞅掌、

去 **轡**

兵臂切、音祕、所以制馬者曰轡、
垂轡

轡、牽引以制馬也、御駑馬以鞭、制駻馬以轡、

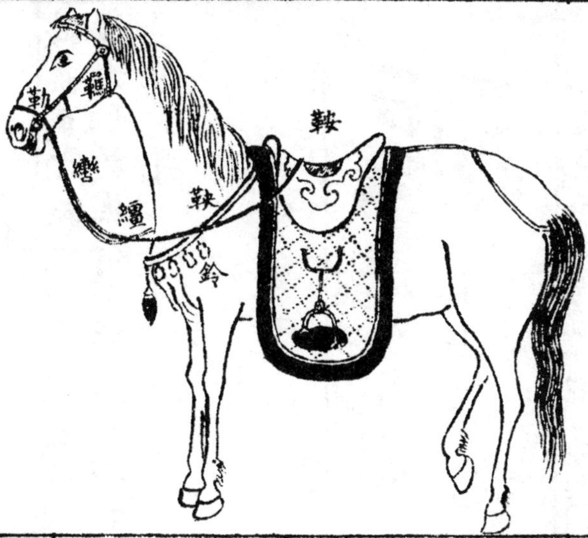

平 **羈**

居宜切、音羇、馬之絡頭曰羈、
羈留

羈、絡於馬頭者也、絡之無銜者曰羈、以革或繩為之、羈住馬頭、故名曰羈、取羈縛之義也、

入 **勒**

歷德切、音楞入聲、馬之銜口曰勒、
全勒

勒、馬頭絡有銜者也、有銜曰勒、無銜曰羈、勒以鐵器、勒住馬口、故名曰勒、取勒制之義也、

繮 平

居良切、音薑、所以馭馬者曰繮、

紫繮

繮、疆也、馭之使不得出疆限也、本朝王貝勒用紫繮、有特賞則用黃繮、大臣有特賞則用紫繮、或作韁、

鞍 平

於寒切、音安、所以乘馬者曰鞍、

鞍轡

鞍、乘馬之具也、以木為之、蒙以韋布、加於馬背、下繫馬腹、以為坐騎之用、

馭 去

魚據切、音語去聲、使馬曰馭、

駕馭

馭與御同、使馬也、以馬駕車而控制之謂之馭、

駟 去

息漬切、音四、四馬之車曰駟、

兩駟

駟、四馬也、古者一車駕三馬則五轡、夏駕兩謂之麗、殷益一騑謂之驂、周又益一騑謂之駟、駟者四馬一乘、兩服兩驂也、又天駟星名、即房四星、

驅 去

邱于切、音區、以鞭策馬曰驅、

馳驅

驅、鞭策也、走馬謂之馳、策馬謂之驅、又驅逐也、又軍前鋒曰前驅、次前曰中驅、

騁 上

丑郢切、音逞、競驅曰騁、

馳騁　騁懷

騁、馬馳之謂、引申為騁懷之騁